温州特色旅游产品经典案例

温州市旅游局◎编

中国财富出版社

图书在版编目（CIP）数据

温州特色旅游产品经典案例 / 温州市旅游局编 . —北京：中国财富出版社，2017.3

ISBN 978-7-5047-6398-3

Ⅰ . ①温…　Ⅱ . ①温…　Ⅲ . ①旅游产品—产品开发—案例—温州　Ⅳ . ① F592.755.3

中国版本图书馆 CIP 数据核字（2017）第 026831 号

策划编辑　惠　婳　钱　瑛　　**责任编辑**　惠　婳
责任印制　何崇杭　石　雷　　**责任校对**　杨小静　　**责任发行**　敬　东

出版发行　中国财富出版社
社　　址　北京市丰台区南四环西路 188 号 5 区 20 楼　　**邮政编码**　100070
电　　话　010-5227588 转 2048/2028（发行部）　010-52227588 转 307（总编室）
　　　　　010-68589540（读者服务部）　010-52227588 转 305（质检部）
网　　址　http://www.cfpress.com.cn
经　　销　新华书店
印　　刷　北京京都六环印刷厂
书　　号　ISBN 978-7-5047-6398-3/F · 2713
开　　本　710mm × 1000mm　1/16　　**版　　次**　2017 年 6 月第 1 版
印　　张　19　　**印　　次**　2017 年 6 月第 1 次印刷
字　　数　311 千字　　**定　　价**　80.00 元

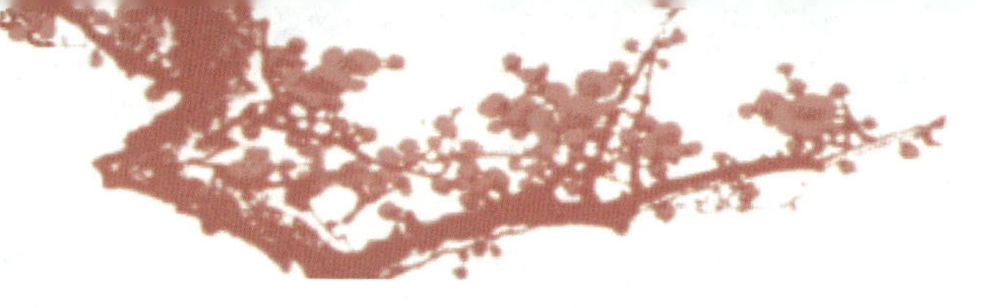

前　言

改革开放以来，我国人均 GDP（国内生产总值）已经从 1978 年的不足 250 美元增至 2015 年的近 8000 美元，旅游需求不断增长，旅游市场高速发展。2015 年，国内旅游人数达到 40 亿人次，成为全球最大的旅游市场，旅游也成为我国城乡居民生活的基本内容。我国公众假日、休息日（不含带薪休假）等休息时间一般有 115 天，已达到中等发达国家水平，市场发展空间巨大。

旅游业是全球关联度最大的新兴产业和发展速度最快的幸福产业，被称为“日不落产业”和“永远的动力产业”，与石油业、汽车业并列为世界三大产业。旅游的发展有利于促进经济社会文化的综合协调发展，旅游业与我国国民经济的 108 个产业和 42 个行业相关联，相关产业的发展对旅游业都有不同程度的促进作用，相关产业的发展很大程度上也得益于旅游业的发展。据世界旅游组织测算，旅游收入每增加 1 元，可带动相关行业增收 4.8 元。

改革开放以来，我国旅游业快速发展，产业规模不断扩大，产业体系日趋完善，已经成为世界旅游大国，正在向世界旅游强国迈进。同时，我国正处于新型工业化、信息化、城镇化和农业现代化快速推进期，实现与“新四化”融合，成为旅游业重要的发展方向。旅游的信息化正对日益喜欢离开家门走向家居生活场景与职场工作场所追求“第三空间”旅居休闲的人们产生重大而深远的影响，旅游活动过程中对各类旅游信息资源的依赖与共享，将把旅游产品信息和游客切实需求快速提上重要议程。

近日，芒果网、携程网、去哪儿网等旅游网站发布的 2017 年旅游市场分析报告显示，2017 年居民旅游需求将更趋个性化、多样化、自主化发展，游客将逐步主导旅游产品，旅游附加值或将成为旅游市场新宠。

国内旅游市场发展到今天，同质化、粗放型和单一式的旅游产品模式已难以满足消费者的需求。为了吸引国内消费者的目光，提高旅游产品的竞争力，景区正在走向主题化、品牌化、特色化的道路。各地结合自身旅游资源，推出了以避霾避暑避寒、养生养心养老“三避三养”为主题的“休闲”“养生”“消暑”“运动”等专题旅游项目，目标人群定位准确的特色旅游产品受到市场追捧。

特色旅游是一种新兴的旅游形式，它是在观光旅游和度假旅游等常规旅游基础上的提高，是对传统常规旅游形式的一种发展和深化，因此，是一种更高形式的特色旅游活动产品。“特色旅游”这一概念，通常也被称为“专题旅游”“专项旅游”和“体验旅游”等。根据特色旅游的开展及实际操作经验的性质判断，它与观光旅游、度假旅游相比较，具有自身的内在特质。首先，在旅游消费价值取向上，特色旅游者侧重于自主性、个性化、目的性。其次，特色旅游作为旅游形式的一个类别，除了为旅游者提供食、住、行、游服务之外，还要与旅游者共同参与旅行，并在参与中提供服务和用自己的专业知识指导旅游者实现其旅游目标。最后，因为特定人群的喜爱，特色旅游的项目更加细化，如低空飞行、自驾房车、游艇游轮、休闲海钓、滑草滑雪、攀岩蹦极、漂流冲浪等户外旅游；到高山、峡谷、沙漠、洞穴、人迹罕至区域的探险旅行；以短期观赏、踏勘、参观为主要旅游形式的自然、人文景观科考旅游等，都受到特定游客群体的欢迎。

在特色旅游风起云涌、方兴未艾的产业发展浪潮中，温州旅游人秉持“众创共享、融合发展”“和谐旅游、服务民生”“只求所为、不求所有”的理念，创新思维，锐意进取，务真求实，开展的旅游项目有网络节庆、商旅互动、主题社区、风情小镇、自助营地、特色客栈…… 过去的几年里，温州旅游部门积极为特色旅游产品的培育发展提供了政策引领和实践推动。目前，温州市各地一大批特色旅游产品得到扶持发展，一大批特色旅游产品项目被列入全国或省示范项目。在此过程中，一些地方借助特色旅游产品项目的创建提升了景区的基础设施和综合实力。同时，特色旅游项目的创建也丰富了当地旅游的线路产品，提升了景区市场的竞争力，加快了全域化旅游的步伐。一些特色旅游项目和特色旅游产品正成为温州旅游的一张张金名片。

温州特色旅游产品在创建发展和提升过程中呈现以下几大特点。一是点多面广起步早。如温州的特色小镇建设在全市已经形成一定的规模和档次。二是特色项目创新多。如温州的旅游社区创建全国领先，旅游体验师队伍也是业内率先成立。三是区域发展不均衡。如在雨后春笋般的民宿、客栈建设热潮中，永嘉、瓯海、乐清、洞头、文成等县域相对集中领先，一些地方相对滞后。四是基础扎实后劲足。随着全域旅游示范区、旅游度假区、旅游特色小镇、特色旅游村等项目的加快推进，旅游业态日渐成熟，旅游产品不断完善，旅游设施逐步配套，必将推动温州从旅游资源大市向旅游产业大市迈进。

《温州特色旅游产品经典案例》共选择汇编了全市82个不同类型的特色旅游产品项目，既是一本特色旅游产品推荐的工具书，也是一本旅游营销实战的参考书。本书为非营利性，编辑的初衷基于业界交流、学界参考、消费指引三方面考虑。由于本书从组稿、编辑到出版时间匆促，疏漏错误在所难免，不足之处，恳请读者批评指正！

胡念望

2016年12月12日

目录
Contents

第一章
旅游社区

旅游社区是指人们在某个特定的区域范围内通过旅游度假等休闲行为形成的相对静态的社会生活共同体。它是温州市旅游局经过多年探索研究，以集聚发展为抓手，以“大众创业、万众创新”为推手，率全国之先摸索出的一套旅游休闲产业发展新模式，是温州首创的一种崭新的休闲旅游业态。

2016 年，温州在全国率先正式命名的首批旅游社区有大罗山盘云谷旅游社区、瓯海区泽雅纸山文化旅游社区、洞头区海霞红色旅游社区、文成县武阳旅游社区 4 家。

大罗山盘云谷旅游社区

——隐墅众创众享模式的典范

“盘云谷”是盘云谷文化创意村（园）的“艺名”。盘云谷在大罗山盘垟村，大罗山有着“天下第二十六福地”之美称。

曾几何时，“盘垟”这座半梦半醒的古村开始悄悄苏醒，那些散落四处的风物正随着春风回归，在云雾缭绕中显现。

以大罗山自然风光为基础、文化艺术为亮点、建筑保护为核心的“盘云谷”，是艺术家生活和休闲的聚居地，这里体现的是生态文化创意社区的概念，是一个嬗变中的新型旅游社区。盘云谷在这些经风雨不倒的石屋中，回放大罗山村落古老的历史，绽放着大罗山龙脊连绵不绝的绿意。

地理环境优越的石屋古村落

盘云谷系温州全国率先认证的首批旅游社区之一，它是以大罗山自然风光为基础，建筑保护为核心，并集文化创意、时尚休闲、旅游度假为一体的综合性开发项目。“人文与自然的和谐，原始与时尚的融合，凝聚温州文化艺术精英，打造一个独特的艺术社区”是盘云谷的宗旨。

盘云谷入口

盘云谷旅游社区地处瓯海大罗山中心地带盘垟村，盘垟村是一个以石墙民居建筑为代表的古村落，位于温州生态园大罗山森林公园的中部山谷盆地，隶属于瓯海区仙岩街道，平均海拔630米，总占地约5000亩，由蟠台阁和里垟两个自然村组成，周边有三垟湿地、天河水库、五美景园等生态旅游景点，内含古寺（塔）、摩崖石刻、遗址等文物48处，其自然环境基本保存原有地理生态面貌，植物种类繁多。原始古朴的石墙民居、光滑的石板古道四时花香，翠竹流水，加之温州地处盆地又特湿润的气候特点，常有云雾笼罩，有蓬莱瀛洲之状，故本项目得名盘云谷。

据最早居住蟠台阁的木氏家族宗谱和《仙岩山志》记载，早在宋朝就有木氏家族在此繁衍生息。该村现保留的57幢石屋（含宅地基）错落地分布在山坳之中，这些石屋多数已有上百年的历史了。据了解，由于当时这里交通闭塞，山路难行，住在山里的人们只好就地取材，用坚固的石头作为建筑材料建造这些独特的石屋。如今，大部分山民都已迁居山下，就留下了空空的石屋，而这些石屋古村落几十年来风吹雨打却依然坚固。

57幢小屋谱写57种风情

盘云谷远景

盘云谷旅游社区在这57座古老废旧石头屋的基础上进行改造，打造成一个具有温州特色的文化旅游休闲新天地。石屋在保留原有建筑风貌的基础上加以修复，其内部由不同的设计师设计改造，使得每一幢建筑物都成为独具特色的个体。57幢小屋57个主人谱写57种风情。根据项目投资方浙江奥美力文化发展有限公司的规划，盘云谷文化创意村的目标是要打造成为包括艺术家走廊、建筑设计师试验场、文化休闲天地、保健养生广场、户外运动基地、民俗文化基地、乡村客栈、亲子互动乐园、民间收藏馆、创意农业观光、奇石天地等内容的文化村落，还将不定期举办各类大型文化活动。这里不仅有浓厚的文化氛围和人文景色，更是休闲的旅游观光地。

从2013年9月村中首幢民宿“水和居”落成至今，盘云谷一期已有20

幢隐墅开张，每一幢老屋都有了自己的主人，并以不同风情、各具特色的装修风格迎接每一个到访的游客。隐墅是盘云谷这些石屋小居的雅名，也是一种新的旅游业态，特指隐居生活之所，都市人群乡村生活第二居所，是阅读、发呆、晒日头、追寻田园栖居生活之地。

众筹打造乡村改造的“温州模式”

2013 年，奥美力文化发展有限公司和盘垟村正式签下 15 年的房屋租赁合同，决定对村里的农房进行修复、设计并提升改造，打造创意村。同时，一则“寻找中国合伙人”的广告在坊间传开：投资者投资 50 万元，就可以在创意村里挑选一幢老屋，成为其主人。项目一经推出，就吸引了 10 多位投资者。隐墅的主人中，有的是夫妻，有的是工作搭档，有的是闺密，有的是恋人。投资后，除了提出想要的装修风格外，主人们做起“甩手掌柜”，从策划、设计到经营管理，都由隐墅公司全权负责，装修及后期经营所需的一些费用，也由公司“埋单”。

现在，山间隐墅吸引着越来越多的人前来探访，古老的石头屋悄然苏醒，盘云谷作为生态文化创意社区已粗具规模。一期 20 幢隐墅改造已全部完成。

2015 年 8 月，在前期基础上，奥美力文化发展有限公司向大众推出了众筹、合作、战略投资等多种模式，把众筹引入到乡村改造中来。即单幢隐墅征集 100 位爱好者，每人一次性投入 5000 元，返还 5000 元隐墅住宿券，每年再获赠价值 580 元的隐墅乡村民宿一间，连续享用 10 年。

后来，隐墅又推出一种新的众筹模式——“豪享一号”，即项目运营方浙江隐墅乡村旅游发展有限公司拿出 25% 股权，向社会募集资金，每 15 万元为 1 股，每人最高不超过总股 10%。这样一来，投资人真正变身成为公司股东，享受分红和每年 4 次免费使用权。

“大家一起玩，顺便赚点钱”，是隐墅的核心理念。它打破传统的民宿经营方式，引入了当下潮流的“众筹”模式，把大众投资引入到创意旅游中来。普通人通过投资成为隐墅的主人，再通过众创的方式，让原本破败的古村落彰显出新的生机，最终实现全民共享美丽乡村建设成果。

盘云谷山间隐墅的代表主人

2013 年，这座千年古村落中的石屋开始进行修复改造，逐步建成不同风格的乡村民宿，每间山间隐墅都有不同的主人，每幢隐墅都藏有一段故事，这里已是浙南地区最具文艺气息的村落，你可以在此寻回生活的本意——停息、阅读、发呆、品茗、晒日头，听鸡鸣犬吠，看云卷云舒……

这里已经开放的宜居隐墅有：

水和居——盘云谷文化村中第一幢设计改造的隐墅。

遇见——不是在最好的时光遇见了谁，遇见你是最好的时光。

石尚居——畔水聊畅，依石闲散的山间石居。

梧桐墅——儿时家中院落里的那棵梧桐树。

蝶坊——穿越时光的蝶英纷飞。

水和居

梧桐墅

遇见

蝶坊

林家铺子

恋坊——旅居他乡的归国华侨将意大利托斯卡纳地区的酒文化带回到这里。

林家铺子——古早味的老上海风情。

寨·水一方——浴在盘云谷氤氲的时光里，踩着布满青苔的石板路，细听身边的流水潺声。

萍水乡逢——世间最美好的事物常常是无价的，正如一场因萍水相逢的相遇。

盘云居——隐在盘云谷中的小筑。

乐陶社——斑斓色彩是这里欢乐的源泉，创意是其中最无处躲藏的欢乐因子，处处可见的创意手工艺术品是这里最美的装饰。

一树花开——那些花开花落的日子，永远是生命中最美的一段时光，镌刻在心的扉页，不曾忘怀。

云深处——远上寒山石径斜，白云深处有人家。

舒苑——琴棋书画诗酒茶，在盘云谷感受云展云舒。

萍水乡逢

乐陶社

旅游攻略

地址：温州市瓯海区仙岩街道大罗山盘垟村

交通线路：从茶山南大线或仙岩仙竹线上大罗山

联系方式：13738363056、15258739991

微信：盘云谷文化创意村、隐墅集团

二维码：

瓯海区泽雅纸山文化旅游社区

——中国造纸术的活化石

泽雅多水，水竹应水而生，而它就是屏纸的最好原材。水碓坑村也因造纸而得名。水碓，造纸之工具。坑，多水之地。这里屋是黑瓦石头垒就，山是满山遍野的翠绿，青山翠竹、溪流纵横，水碓房、捞纸房完整地呈现。当年的水碓坑村漫山遍野晒满了屏纸，在阳光照射下，山上山下金光灿烂一片，人们喜称为纸山。

泽雅山区世世代代以造纸为主业，岁月变迁，历史更替，“千年纸山”已遗存为一种独具特色的纸山文化。

千年纸山——一张人文金名片

泽雅省级风景名胜区是浙江省省级重点风景名胜区，位于瓯江支流戍浦江的源头，地处温州市瓯海区境内，在瓯海的最西部，东起麻芝川，与泽雅镇接壤，西至东山尖，与青田县相临，北达凌云寺，南到崎云山。风景名胜区面积 90.32 平方千米，外围保护地带面积 28.84 平方千米，总面积 119.16 平方千米。其景观总特征可以“水雅、嶂奇、谷幽、云绕、洞怪、林丰、气候宜人、民风古朴、古迹增辉”24 字来概括，它的水体景观、造纸文化、峡谷风光，具有强烈的独特性。

纸山夜景

纸山旅游社区（景区）为泽雅风景区 8 个景区之一，

位于泽雅省级风景名胜区的东南部，西临崎云景区，南到黄坑村，北临泽雅湖景区。它是一个以古老造纸作坊及古水碓为古村落群，以周围水系、山体为景观载体，以造纸文化及其古村落、民居、民俗为主要特色，以造纸文化考察考古、古村落观光、民俗活动为游赏内容的大型旅游社区。

纸山旅游社区（景区）是泽雅省级风景名胜区递给游客的一张人文金名片。

为什么要投入资金集中力量创建和发展纸山旅游社区和盘云谷旅游社区，瓯海区风景旅游管理局许克达局长有自己清晰的见解，他看到了旅游社区创建的节点和发展的理由：一是旅游社区作为一种新型组织，其产品符合当下市场需求；二是旅游社区作为一个经济载体，有效盘活了闲置农房；三是旅游社区作为一种景区溯源，对当地文化进行了很好的挖掘和传承；四是旅游社区作为一个创新模式，符合“大众创新，万众创业”的发展需要。

千年纸山——具有文化＋旅游的多重价值

千年纸山文化底蕴深厚，历史传承深远。以古村落遗址、民俗文化和造纸作坊遗址、造纸工艺展现组成了纸山的文化载体。

历史上，泽雅人一直是祖孙相传靠产南屏纸为生，素有“纸山”之美誉。

泽雅山区水多竹茂，元明时代的先民在此顺溪建造水渠、碓轮及纸坊，并与山水浑然一体。鼎盛时期有数千人从事造纸，到处是水碓和纸坊。泽雅的古法造纸自宋末元初传入泽雅以来，至今完好地保存下来，是中国目前保留最原始的、最完整的古法造纸术之一。造纸作坊群是泽雅纸山文化区的精华部分之一，主要包括横

山间村道

垟、塘宅两村的造纸作坊群。其中，四连碓造纸作坊建于明朝初年，水渠长约230米，顺流分4级水碓，可反复利用水力资源，故名“四连碓”。2001年，“四连碓”造纸作坊被国务院列为全国重点文物保护单位，是中国古代造纸术的活化石。现在“泽雅造纸”作为浙江省的一个项目，已被国家文物局批准列入国家“指南针计划”项目。

古法造纸四连碓

泽雅纸山文化区的精华部分还包括捞纸作坊群，捞纸作坊群是造纸的建设工程与生产地之一，捞纸是手工造纸的一道重要工序，是决定质量、耗料的关键一环。泽雅的捞纸作坊群主要分布在横垟、垟坑、唐宅三个村，其规模之大，实属罕见。

古法造纸

错落在纸山景区内的明清村落，汇聚了明清不同年代、不同文化背景、不同建筑风格的各种民居形式，是研究明清时期江南地区村落建筑技术、建筑艺术和建筑观念的最好实物建筑群之一。其不拘一格、突破规范、大胆创新的民居建筑手法，是研究中国古代建筑史不可多得的特例。民居建筑与造纸作坊的合理布局，是研究纸农生产方式、生活方式和文化传统的最好实物之一。

水碓坑村景

其中，黄坑村与水碓坑村是纸文化古村落保存较为完整的村落，都被评为“省级历史文化古村落”。

千年纸山人文底蕴深厚，水碓、水车、石屋、石墙、村落、风俗均富有文化研究与旅游等多重价值。

千年纸山——养在深闺人未识

用“养在深闺人未识”来形容纸山旅游社区的风景佳地再恰当不过了。在许许多多游客的目光中，纸山的意境呈现为一片“安谧、宁静、古朴、野趣”的景象。

泽雅漂流

景区内有中国传统造纸专题展示馆、造纸文化体验基地、泽雅纸山民俗文化专题展示馆和中国景观村落——水碓坑村、省级历史文化名村——黄坑村、龙井风景区、龙溪大峡谷漂流项目、金岗尖滑草场等旅游资源。此外，宗教文化也曾经在这片土地上发展遗留，现存的龙井寺及遍布村落出口的土地庙、家族祠堂等，都为风景区人文景观增添了无限魅力。

以峡谷为河床的龙坑溪、垟坑溪水系代表了纸山的另一个标签——自然景观。

龙坑溪峡谷是一座天然形成的大峡谷。地面布满了大小不同、奇形怪状的岩石和蜿蜒曲折的溪流。峡谷两侧是陡峭的山峰，高约 15 米，且布满了各种各样的树木，风貌自然生态，幽静多姿。

与大气险峻的龙坑溪峡谷相比，垟坑溪峡谷多了一份江南灵秀。垟坑溪峡谷是水碓坑村南部的自然大峡谷，精致秀气、曲折婉约，峡谷植被种类丰富、姿态优美，与溪流岩石交相辉映。

纸山较为丰富的水景得益于山地间林丰树茂的森林资源与地形，这里植被资源虽然单一，但胜在规模较大，是天然的森林氧吧，负氧离子浓度高。

千年纸山——看四连碓、吃纸农菜

四连碓：四连碓造纸作坊位于温州市瓯海区泽雅镇，北斗山脚龙溪中游，占地约0.28平方千米，是中国古代造纸术的活化石。元末明初，福建南屏人为避战乱迁居泽雅。因泽雅水多竹茂，遂重操旧业造“南屏纸”。人们用水碓将水竹捣成纸绒、纸浆，制成屏纸。泽雅一带数千人从事造纸，因此到处是水碓、纸坊。如水碓坑、水帘坑等地名亦都与造纸有关。20世纪90年代日本农耕民俗考察团、中国印刷博物馆等团体多次到此地考察。他们一致认为泽雅纸山是中国古代造纸术的“活化石”，其中以四连碓尤为重要。

纸农菜：《泽雅·纸农乡味》是周荣光先生用时5年共收集了1000余种纸山菜品、上百种炊具及各种饮食风俗，从中总结出五大经典特色、六大传统技术、八大饮食文化、十六字品质的泽雅地方菜品文化专集，也是纸山“纸农菜”首本菜谱。该菜谱把纸山菜品归纳为23个大类、120个系列、1082种，还有30多种点心小吃、10多种家酒、10多种饮料、18种食疗菜。周荣光认为，“纸农菜”主要特点就是省时省力，饭菜同蒸。饭镬加架，架下是饭，架上是菜。一次落镬，同步成熟，一起上席，饭香菜熟，入味落胃。该菜谱还囊括了每类菜品同样食材不同烧法，每样菜品都附有配料、改刀、制作、特色、口感、口味、提示等几项文字解说内容，后面还附有菜品索引，俨然是一部纸山饮食文化工具书。2016年4月瓯海还成立泽雅纸农菜文化发展促进会。

周荣光老先生介绍纸农菜

纸山农家菜

旅游攻略

地址：瓯海泽雅省级风景名胜区的东南部

交通线路：自驾车从温州市区出发，到泽雅镇，沿盘山公路往纸山景区方向，在分岔路口转水碓坑方向，时间约 60 分钟

住宿：纸山客栈

洞头区海霞红色旅游社区
——从一个红色品牌到一种重要旅游资源

海霞社区位于洞头岛东北面，依山傍海，风景秀丽，由胜利岙、桐桥脚、桐桥、后辽、炮台5个自然村组成，总面积约1.15平方千米。海霞村是全国闻名的洞头先锋女子民兵连诞生地，具有丰富的军事文化特征和浓厚的渔家风情。海霞村原以最大自然村桐桥命名，经过几次改名于2001年撤乡并镇后归辖于北岙镇，2005年又改名为海霞村，后通过温州特色旅游社区申报创建，成为海霞红色旅游社区。

“海霞精神”深入人心

洞头区地处东海前哨，素有“浙南门户”之称，整个列岛群山环抱，形势险要，系海上军事要塞，国防天然屏障，故历来为兵家所重视，从南宋建炎年设立兵寨至清代，洞头列岛与温州沿海各地均保持军事联络，先后经历了抗元、反清、抗击倭寇、抗日、解放战争，留下了丰富而又珍贵的海防战斗遗迹。其中最突出的便是洞头先锋女子民兵连。

洞头先锋女子民兵连是全国民兵建设及国防教育的一面旗帜。自1960年6月建连以来，50年战旗不倒，铸就了“爱岛尚武，励志奉献”的海霞精神。连队的先进事迹曾被写成长篇小说《海岛女民兵》并改拍成电影《海霞》，还被编入《当代中国》丛书。女子连代表曾受到毛泽东、周恩来、朱德、胡锦涛等党和国家领导人的接见。张爱萍、迟浩田、梁光烈三任国防部长为其题词勉励，彭绍辉、许世友、廖汉生等大批军队高级将领莅临连队视察。

在海岛洞头，“海霞”已不仅是女民兵的代名词，而且是一个以红色品牌落地为一种红色的区域文化，一种重要的旅游资源。除了海霞村、海霞军事主题公园，洞头还有海霞妈妈义务服务队、海霞电力服务队、海霞中学等，从机关到企业、从村居到社区，海霞的足迹遍及社会每个角落，海霞的风采展现在社会各个领域，成为百岛洞头一道亮丽的风景线。

海霞村

海霞营地

军事主题公园

休闲渔船

借力“海霞”做大红色旅游

海霞社区是全国闻名的洞头先锋女子民兵连诞生地，红色旅游资源丰富、遗迹多、保存好，又与周围的自然、人文景观浑然一体，相映成趣，形成了融历史遗迹与风景名胜于一体的独特魅力。社区内有“洞头先锋女子民兵连纪念馆”“海霞军事主题公园”“海霞营地”以及被洞头区列为重点文物保护单位的“军民友谊池”“胜利桥”等景区，还是解放洞头最后战役的主战场。

在这里人们可了解解放洞头、保卫洞头、建设洞头的英雄史诗与光辉业绩。这里有原铁道游击队战斗遗址，有军民联防和解放纪念雕塑，有将军题词壁，红色旅游资源得天独厚。到这里还可以探究海防军事设施的神秘感，

洞头先锋女子民兵连纪念馆

汪月霞故居

海霞胜利岙

见证名扬华夏的“洞头先锋女子民兵连”成长史，解读“海霞精神”。

近几年，洞头地方政府投入资金进一步加大对红色基础设施和旅游线路的建立，共计投入资金1680万元。2000年投入资金700万元建设“海霞军事主题公园及解放洞头纪念碑”；2007年投入资金30万元建设“红星果园”；2008年投入资金300万元建设“垦礁观景园及海钓主题公园”；2010年投入资金600万元重建“洞头先锋女子民兵连纪念馆”；2012年投入资金50万元建设青少年体验基地及将军林。

海霞社区依托原有的“洞头先锋女子民兵连纪念馆”“海霞军事主题公园”等旅游景点，努力打造“海霞”品牌，做大红色旅游，并根据海岛浓厚的渔家风情推出蓝色海洋游和绿色田园游等旅游新项目，全面实施“旅游兴村”战略，2015年海霞社区全年接待游客人数达10万人次。海霞社区已成为温州乃至浙江著名的德育、爱国主义国防教育基地和旅游胜地之一，发展潜力巨大，具有广阔前景。

扎根“海霞”的海岛特色民宿

当地特色民宿“花石间”就在洞头女子民兵连旁边。民宿主人精彩的故事，加上夫妻用心装扮的精致小巧的院落吸引了一批批住客慕名而来。海霞村似乎也因为这座叫“花石间”的民宿，多了一份休闲味。

还有一个叫“那鹿湾”的洞头海岛生态休闲创意村在海霞社区的胜利岙慢慢崭露头角。根据规划定位，这个项目是以海岛特有的文化、民俗风情进行创意开发，引入国际化经营理念，将胜利岙自然村通过文化创意、保护性改造，建设为集休闲度假、诗意隐居、住宿餐饮、亲子乐园、社交聚会、文艺沙龙、商务会议等功能为一体的精品度假村。项目共分三期，根据规划于2019年年底完成所有工程。届时，“那鹿湾”将成为一个完美创意的、时尚的、国际化的原生态度假休闲胜地。

村庄道路

而鹿鸣舍正是其中最先完成并对外开放的一套民宿。鹿鸣舍是用最自然的材料堆砌的一小幢别墅，诗情画意的名字配上时尚气息的“慢空间”，融洽地融入这个环境里，但却与众不同。

随着渔家民宿的兴起，洞头当地的这些特色海岛民宿将为海霞社区百姓提供更多就业岗位及转产转业的机会。

旅游攻略

地址：洞头岛东北面海霞村

交通线路：温州—瓯海大道—灵霓大堤—五桥连岛—洞头本岛—北岙街道—海霞村

联系方式：0577-63477345、13968907045

门票：海霞军事主题公园20元，海霞女子民兵连纪念馆免费

住宿：花石间、那鹿湾度假村

文成县武阳旅游社区

——围绕“旅游 + 名人 + 文化 + 休闲”做文章

刘基故里牌坊

刘基，字伯温，封诚意伯，一代乡贤，卓越的政治家、军事谋略家、文学家。帝师刘伯温，来自山水之间，乱世中运筹帷幄，辅佐朱元璋一统江山成就一番帝业，当之无愧的“五百年名世，三不朽伟人”。

武阳是明朝开国元勋刘基故里，位于南田镇西北面。村子背靠五指峰，形似五指微曲，掌心就是武阳村。田垟中镶嵌着7个小土墩，如天上七星有序排列，故名“七星落垟”。武阳以弘扬刘基文化为内涵，挖掘刘基文化，保留乡土元素，体现农家风情，融入历史特色，凸显文化底蕴。武阳致力打造“中国风水文化村”，创建有自身特色的旅游社区，带动了周边村庄乃至邻近乡镇旅游经济的共同发展。

做足“土文化”

做土文化也就是发展农家乐，在城市吃腻煤气烹饪的大鱼大肉的游客，很多人就是冲着土菜来的，想体验原生态的农家菜。有人就说“抓住游客的心，就要抓住游客的胃”，武阳有农家自制的豆腐，有从地里刚刚拔出的青菜，有刚从山上采摘的豆荚，还有晾晒好的干菜，当然农家养肥的土鸡、土羊、土兔等绝对生态。然后把这些优等“材质”交由民间厨师放在土灶里烧，出锅“成品”就是最传统的民间美食，这些农家菜土色土香又风味十足。目前，南田在现有的"农家乐"特色菜基础上，打造了"招牌土菜"——伯温家宴，共13个菜，480元一桌，有白落地温蛋、伯温瓦罐猪蹄、伯温贡兔、南田红米饭、南田红薯粉丝、两袖清风等当地特色菜品，伯温家宴每道菜都有自己的故事，可以说在吃方面武阳做足了"土文化"。

武阳农居

武阳书院

充实旅游"新元素"

为充实旅游元素，当地镇政府相继挖掘出"武阳八景"，大力发展休闲观光农业。如看准荷花田，从村民手中统一流转过来，开发形成一大观光景点；充分利用周边200亩猕猴桃基地和300亩杨梅基地开发体验园，让游客感受采摘的乐趣；利用石磨等现成传统用具，做豆腐、豆浆等地道食品。再就是结合武阳的农耕文明、田园风光、村落建筑等乡土性元素，扩大游客活动范围，延长游客驻留时间。同时，在名人和国学上做文章，完成刘基故居、武阳书院等修缮，2015年8月20日在武阳成功举办文成县刘伯温首届进士节，吸引当地众多学生"行进士礼"，开办国学培训班，让游客接受国学文化的洗礼，从而形成国学培训、农业体验（如果蔬大观园、农夫乐园、

一代人杰刘基

武阳迷途

采摘乐园）、观光旅游、亲子旅游、村庄民宿开发等旅游项目的联串，接受游客的全方位体验。

做旅游文章就要讲好故事，就是要让游客跟着故事走。而讲“好故事”就要讲“有意义有回味的故事”，让故事作为“红线”，满足人们求开心、图放松、找乐子的目的。武阳是一个很有灵气的地方，因为这块土地诞生了明朝帝师，有很多妇孺皆知的传说，关于刘基祖辈迁徙路线当地就流传着一个个有趣的故事：如刘基四世祖刘集梦“舞羊者”而迁居“武阳”；刘基外婆家拜年以书凑礼物；刘基父亲刘爚少年救乡亲；刘基祖父天葬坟等。这些故事都能让游客感受到“民间逸事，名人文化”的兴趣点，留下一份记忆。

发展“老板＋村民”互动模式

武阳创建旅游社区，发展“民宿经济”是从2012年开始的，当初借助美丽乡村创建的东风，镇政府引领村民将大部分破旧的老房子拆掉，改造成明代风格的仿古建筑。同时，引进杭州山川旅游设计院打造迷途客栈，带领农户做特色民宿。迷途客栈的先进理念带动了武阳民宿的快速发展，形成了“老板＋村民”的发展模式。

“栽好梧桐树，引得凤凰来”。在政府的积极主导下，村里的八卦广场、绿化等景观改造，均由“迷途”打包设计施工，这种充分的信任，让“老板＋村民”的互动模式得到了充分的展示。两年时间武阳就发展了22家客栈，均由当地村民经营。每到“五一”“国庆”黄金周，尤其是暑假期间，武阳的游客是爆满的。有了游客的青睐，村里的种植户便成了“田间老板”，仅迷途客栈就给村民创造了年60多万元的收入。在迷途客栈的带动下，老百姓的房子

刘基广场

或出租他人或自营民宿，目前价值已经翻番。通过旅游社区的创建，在武阳、梅树、黄垟坑 3 个村形成了一个以武阳为核心的“村民 + 游客”互融和谐的新型旅游社区，围绕“旅游 + 名人 + 文化 + 休闲”做文章，实现从民宿村到旅游社区的全面转型。

目前，武阳初步形成一个“以生态旅游、休闲度假为基本特征的社会生活共同体”——旅游社区。村域内四周环山，冬无严寒，夏无酷暑，空气新鲜，阳光充沛，植被丰富，生态完美，武阳成了人们十分向往的农耕田园和极具特色的“避暑胜地”。

旅游攻略

地址：文成县南田镇武阳村

交通线路：温州市区—文成县城大峃镇—南田镇—武阳村（温州有直达南田汽车）

联系方式：0577-67763070、67761060

门票：刘基庙 20 元 / 人，刘基故居 5 元 / 人（开放时间：8：00—17：00）

住宿：东方红红色革命主题餐厅、南田诚意宾馆

第二章
旅游特色村

《国务院关于加快发展旅游业的指导意见》指出，大力发展乡村旅游，即要依托当地区位条件、资源特色和市场需求，挖掘文化内涵，发挥生态优势，突出乡村特点，开发一批形式多样、特色鲜明的乡村旅游产品。温州市旅游局近年来加快推进特色旅游村建设，2016 年年初正式命名了乐清市乐成街道黄檀硐村、瑞安市湖岭镇均路村、瑞安市塘下镇陈岙村、洞头区东屏街道东岙村、平阳县西湾社区二沙村、瓯海区泽雅镇下庵村、瓯海区泽雅镇庙后村 7 个村为温州市特色旅游村。

古代聚落选址的典范——黄檀硐

黄檀硐村，位于乐清市灵山景区，始建于宋代宝庆年间，历经700多年风雨，至今仍保存完整，是浙江省为数不多的未受城镇化危害的古村落之一。古村落面积20.7公顷，海拔400余米，于2007年以村古、林茂、水美、石奇、硐怪的独特景观入选首批“中国景观村落”。

黄檀硐全景

人间仙境　灵山景区

灵山风景区，位于浙江省乐清市城北乡境内，东连雁荡山国家级风景区梅溪文化村，西邻中雁荡山风景区，南距市中心5千米，北接永嘉楠溪江，104国道和高速公路从其南缘经过，交通十分便利。

灵山全境分飞水谷、摇晃岩、灵山顶、天湖、龙潭瀑、会贤台、天柱岩、黄檀洞8大景区，总面积46.7平方千米，景点280多处，山体呈现“灵山”宁形，因以之命名，素有灵三奇五龙之称。境内峰奇、石怪、洞幽、林茂、水盛，溪桥鸣碧水，岭树挂飞云，堪称人间仙境。宋诗人王十朋诗云：“飞瀑来从小雁荡，灵源颇类大龙湫”，清光绪《乐清县志》有“层峦曲涧，飞泉激涌”之描述。

灵山风光秀丽，民风淳朴，气候温和，特产繁多，实为旅游、避暑、休养的胜地。灵山这位“养在深闺人未识”的大家闺秀，是浙南大地上一道新的旅游风景线。

世外桃源　黄檀古村

黄檀硐村是灵山景区的核心景区之一，坐落于山坳中，南北皆为高耸百米的陡峭崖壁，绵延5千米。一条东西走向的平板溪（名龙溪）贯穿古村中心，所有的建筑依溪而建，坐北朝南，错落有致。东西城门依旧，瀑布高悬、水声潺潺，毓秀清幽。整个村落的选址和布局，堪称中国古代聚落选址的典范。

村舍周围山蹬间杂，浓荫蔽日，千姿百态，树龄皆超过80年。丛丛竹林分布在山谷里、石硐前或清溪银瀑畔，如画如诗，妙境叠出。村西，两棵大小相似、如一对孪生兄弟般的罗汉松已有500多年树龄，边上的樟树树龄约400年，3棵古木枝叶交接，犹如三位握手相语的老者。

村落内建筑大多为有几百年历史的古民宅，具有明清建筑风格，古村落内的山石墙、驳岸、跨溪小桥等均是就地取材，极少修饰，建筑主材的原木和山石都保持着本色，一座座只有旧照片中才能找到的江南古民居，错落有致地排列溪岸上，恍惚间会让人以为沿着时间之河回溯，又来到了明清时代的一个山村。村内最具特色的古宅院落为下垟大宅、两进屋、卢文周家宅、卢福涛家宅等12处，它们完整地保留着明清时期的木刻、窗花及雕饰，极具明清建筑特色。

古村小道

村内还有始建于清末的卢

氏宗祠保存完整，斗拱、柱础、木雕、彩画、戏台等颇具特色。里面陈放着旧时的各种器具，米桶、鹤兜、挈盒、织布机……这些存放在记忆里的摆设，还有旧式的涂着大红漆、描着花案的床，梳妆台散发出来的旧时光味道，都归入了对这座古村落最深沉的解读。

大山深处山谷中的黄檀硐村，似世外桃源，又如一幅韵味无穷的山水画，如此风光，又怎能不令人萌生一种远离城市的喧嚣、卸下生活的疲惫，扑进大山的怀抱里尽情汲取自然能量的冲动呢?

古老工艺　再显魅力

黄檀硐如画

黄檀硐村历史上盛产靛青。印染蓝夹缬的染料是靛青，靛青一直是提取中药青黛的主要原料，也是温州蓝夹缬的主要染料，靛青来源于蓝草。我国历史上，蓝靛的种植制作已有三千多年的历史，且地域广泛。木蓝属中的蓼蓝、松蓝、马蓝、吴蓝等，其叶和茎均可发酵成靛，现在均普遍被低成本易操作的化学染料所代替。在温州，中雁荡山黄檀硐村所产的靛青曾以质优色佳冠全地区之首。当年每到出靛期，各地染师必云集黄檀硐村，争相预订。现在虽仍种植，但已不再制成靛青，而是直接出售植株根部——板蓝根。村头村尾留存的靛青坑随处可见，让人感受靛青染布这一传统制作工艺的魅力。

据《乐清日报》报道，龙游溪畔，溪水潺潺，一股久违的清香在山间弥漫，乐清城北乡黄檀硐村，曾是远近闻名的靛青村，新中国成立前，靛青种植面积一度达上千亩，温岭、苍南等地客商都慕名来这里买靛青，那时，这里的村民就是靠靛青发家的。2008 年 11 月 4 日，消失已 30 多年的古老传统手工技艺“打靛”，又在城北乡的古村落黄檀硐村头重现。黄檀硐要进一步发展旅游，就要加大文化砝码，增加文化内涵。古村黄檀硐顺利跻身我国首批“景观村落”后，游客日增。为了进一步挖掘特色旅游项目，黄檀硐村村委决定让旧染坊重整旗鼓，恢复蓝夹缬技艺。村里对发展靛青产业充满信心，请健在的村里会蓝夹缬制作和会纺布的老艺人们“出山”，努力恢复村里染坊，使黄檀硐村靛青产业实现种、制、染、织等工艺一条龙，让旅游观光多一道人文景观。

旅游攻略

地址：乐清市乐成街道城北社区黄檀硐村

交通线路：甬台温高速乐清出口下—乐成街道北门蜈蚣桥—城北方向（乐北线）—黄檀硐（沿路均有指示牌）

联系方式：0577-62060018

“温商精神”的寻根之地——均路村

瑞安市均路村是2012年央视热播剧《温州一家人》中主人公周万顺的老家瑞安古树村的原型，周万顺一家外出经商创业前的戏份就在这个村里拍摄完成。《温州一家人》电视剧热播后，作为该剧拍摄地的均路村声名远播，来到古村落参观的游客络绎不绝。

藏在“深闺”的美丽乡村

均路村坐落于瑞安市湖岭镇永安和桂峰交界处，瑞枫公路南侧山上，距温州市区50千米。村子依山而建，原来村出入通道由一条800多级大小均等的石阶筑成，因此得名“均路村”。

村子建于明代，至今已有五百多年历史。全村民居石木结构，建筑以山野乡土风格为主，部分为明清古建筑，布局整齐严谨、屋脊层次分明而错落有致，现存古原貌房屋41幢、195间。

村前有一条环绕全村的溪流缓缓而下，一座石拱桥横卧在上面，拱桥的桥面象征虎背；石拱桥边两棵红豆杉耸立，象征虎头，暗合藏龙卧虎之意。

小道

村中有一条直通青田和文成的千年古道，古道两侧以林密竹翠、峰高岩奇、水秀潭深而闻名。从此道而上至半坑奄自然村，这里建有一座古老的石拱桥，桥因小村而得名，人称半坑奄硐桥。村中多名木古树，有枫香古树3株，苦槠2株，据考树龄均在200年，属于国家三级保护古树；还有南方红豆杉2株，据考树龄100年，属国家一级保护植物，两树一雄一雌，树形优美典雅。

均路村深藏群山之中，青山环绕，层峦叠嶂，具有优美而古朴的自然风光，是一个藏在深闺人未识的美丽乡村。这些千年古道、百年石拱桥、名木古树，无不彰显其悠久的历史文化底蕴。

一部电视剧叩醒"旅游梦"

据《瑞安日报》报道，2012年《温州一家人》在央视热播，剧中主人公周万顺的老家瑞安古树村的原型湖岭镇均路村也一夜之间成为明星村。游客纷至沓来，都想亲眼目睹周万顺老家的风采，这也让村民看到了今后发展的趋势——发展旅游，电视剧拍摄地"叩醒"了均路村沉睡多年的旅游梦。

为了实现这个梦，均路村在有关部门的指导下，先后编制了《均路村保护与利用详细规划》《均路村旅游总体规划》，对均路村旅游发展、建筑及院落环境整治、绿化等作了详细规划，对各项基础设施进行了改善。据悉，2013年以来，均路村先后投入500多万元，重点建设与旅游业相关的基础设施，拓宽通村公路，修建游客中心、公厕、停车场、标识标牌等，修缮村内古道和民房，建设峡谷栈道，打造景观小品。

翠竹

村落

均路村总人口865人，其中，700多人在国内外经商务工，旅居意大利等欧洲国家的华侨就有

老宅

300多人。有的村民在外赚了钱，就在市区或湖岭等地安家，村里的老宅一直保留着。走在村里，路边的老宅几乎每间都保护较好，全是清一色的石木结构。

近年来，均路村在创建特色旅游村，开发特色旅游产品上也是铆足了劲，在"闲""养""学""情""奇"上做足文章。闲：乡村休闲、峡谷游步道、农家乐、农作物采摘。养：乡村度假、生态木屋、森林氧吧。学：农耕文化馆、爱国主义教育基地、摄影基地。情：华侨文化、爱国主义文化、传统文化。奇：古道探寻、深山探秘、峡谷徒步。结合原生态的生活气息、风土人情、传统习俗，开展一系列的民俗活动，充分发挥古村落的农耕文化、传统文化等，推出捣年糕、杀猪菜、酿酒、磨豆、做番薯粉、农家采摘等农家体验项目，让前来的游客吃农家菜、体验农耕活动、游古村旅游景点，打响古村落旅游品牌。

目前，均路村日均游客流量在300人左右，节假日更是超负荷接待，同时解决了村里100余名劳动力，占村劳动人口的18%，年营业收入达200万元，实现了可观的社会效益和经济效益。

均路村景

打造"温商精神"的寻根之地

据均路村党支部书记陈听绂介绍，均路村的规划定位不是单纯的古

《温州一家人》拍摄基地

村旅游，而是从“温州人”“温州故事”“温商精神”概念着手，把文化精神融入到古村旅游中，让游客在游览过程中感受到浓厚的温商文化。

按照规划，均路村将陆续开设阿雨餐厅、山乡集市、温情客栈、古树演绎剧场等基础设施，满足游客的参观需求，增加村民收入。如今，均路村旅游梦的近期规划正在一步步走向现实。

近期规划实现后，均路村还将规划建设温商创业和温州模式发展历史博物馆、世界温商回乡寻源纪念馆等，把温州人闯荡世界、在各地创业的故事以实物形式向游客展示，把均路村之旅打造成为“温商精神”的寻根之地。

让更多的人来均路村，感受古村的自然、人文魅力，体会温州人创业精神，寻找波澜壮阔的创业故事，这就是均路村村民的梦想，也是陈听绂的梦想。陈听绂说：“也许有一天人们会忘记了电视剧，但依然会挂念着古村中蕴含的温州人原始创业基因。”

旅游攻略

地址：瑞安市湖岭镇永安和桂峰交界处

交通线路：

1. 自驾：从温州上甬台温高速，在瑞安市区出口下，沿瑞枫公路直达湖岭镇永安社区均路村

2. 公交：从温州坐快客到瑞安市客运中心，在瑞安市客运中心坐中巴车到湖岭镇，然后坐湖岭镇至桂峰社区的中巴车到均路村山脚，徒步两千米上山，或者直接包车到达均路村

联系方式：13695819175

住宿：山居日记

“污染村”变为“桃花源”——陈岙村

掩映在绿树丛中的一排排沿溪乡村别墅隐约可见，溪水两边，绿树红花，这是温州罕见的花园式村庄，这里就是瑞安塘下镇陈岙村。它是温州“高端引领型”的美丽乡村代表，也是“浙江省最美村庄”之一。如今，除了美丽乡村建设，陈岙村还在打造特色乡村旅游。

一池清水激活一个村庄

中溪花苑东面美丽夜景

14年前陈岙村的环境只能用“极差”来形容。那时陈岙村房屋布局凌乱，道路不通，到处违章、垃圾遍地。2002年，陈岙村村两委在谋划发展规划时，突发奇想——“通过治水，靠水吃水”，积蓄大罗山脚下绕村而过的小溪，增加村集体收入。随后，村里依托陈岙溪，历经治水、蓄水、卖水，赚到了“第一桶金”，并以水做文章，在休闲区开辟天然泳池、垂钓、漂流等项目；拆除3万多平方米违建，把企业“赶”入规划后的标准厂房，统一生产、管理、治污，并成为村里最大的集体经济来源；迁移坟墓5000多座，用整理后的乱坟地、边角地，启动旧村改造。高端大气上档次的陈岙村，由此掀开新篇章。

目前，97%的陈岙村村民已经住进了这花园般的别墅小屋。让村民可以和城里人一样享受城市生活，如今的陈岙村已经成为一个道路整洁、花木成荫、山清水秀的花园式村庄，不少村民都引以自豪。

省委书记推广“陈岙经验”

如今，走在陈岙村的游步道上，沿溪而行，一路美景尽收眼底。清洁宽畅的水泥路，错落有致的别墅群，郁郁葱葱的绿树带，潺潺流淌的碧水……九株百龄古榕树，犹如九颗璀璨的明珠点缀村中，给美丽厚重的陈岙村增添了迷人的魅力，展现了陈岙村独特的自然之美。

尤其是一排排经过农房集聚改造的沿溪乡村别墅让人眼前一亮，这是陈岙村村民的家。小区建筑以四层为主，局部三、五层采用退台式设计，以庭院为基本单元，景观建设体现了小桥、流水、青山浑成一体的江南风格。为提高居住品位，还配备了3.3万平方米的地下停车库，户均停车位达到1∶2.3，实现了人车分流。

在陈岙村，生产区域、生活区域、休闲区域泾渭分明。陈岙溪那头，是5.5万平方米标准厂房。在休闲区，天然泳池、垂钓基地、激情漂流沿陈岙溪分布，并有配套的农家乐、特色民宿。而溪这头，古榕、市民广场和文化礼堂又将休闲区与生活区隔开，整体布局形成生产、生态、生活和谐共荣的一张网。

现在的陈岙村已呈现出山水自然风光和江南民居浑成一体的诗画意境，

中溪花苑

游泳池

相继获得“温州市十大最美村庄”“省全面小康建设示范村”“浙江省文明村”“首届浙江美丽新农村”等系列荣誉。

省委书记、省人大常委会主任夏宝龙于2015年6月23日到温州调研时希望全省各地积极学习借鉴“陈岙经验”，不断提升城乡建设特别是新农村建设品位。

打造“浙南闽北乡村山水休闲旅游”目的地

陈岙村有着天地恩赐的自然资源，紧依大罗山，山清水秀，风景宜人。“云含林色横北岭，水带瀑声过前川”。其中，九龙溪谷山势陡峭、裸岩连绵、飞瀑碧潭、相映成趣，给人以乐趣，启人以遐思；饭蒸山、狮子口潭、乌岩脚、风洞岩、涨潮岩等美丽奇特的自然景观，以及鲤鱼跳龙门等动人的民间传说给人以美的享受。很多人选择来到这里休闲，住在村民装修好的房子里，享受这里清新的空气和自然景色，或一个月定期来度假几天。

太极兴趣队

如今，除了美丽乡村建设，陈岙村正在积极打造特色乡村旅游，依托山水资源优势，发展以“康体健身”为主题的运动休闲型旅游产品，打造一个功能设施全、生态环境好，集乡村民宿、水上娱乐、温汤疗养、露营探险于一体的美丽旅游乡村。

皮划艇

其实，靠旅游项目提高村民集体经济收入是这个梦的重要一部分。原先，村集体收入靠的是企业土地和厂房出租，如今根据规划企业都要搬走了，陈岙村将从一个汽摩配、

陈岙九龙漂流

水暖器材为主要经济收入的村庄转变成旅游村，实现从二产到三产转变。把陈岙村打造成休闲宜居的生态村庄，让更多的人到这里来观光旅游，促进陈岙村经济再次腾飞。

据了解，2014 年 6 月，村集体为了产业转型，把发展乡村旅游作为战略目标，成立了由村集体控股、村民投资的九龙旅游公司，负责旅游开发，到目前共投资了 1.2 亿元，以“商、养、学、闲、情、奇”六大新要素发展乡村旅游。相继开发了游泳中心、垂钓中心、激情漂流、皮划艇、农家乐等项目，并成功举办了“醉美陈岙”生态文化旅游节、邻里文化节等，吸引了各方游客到陈岙村观光。日最高接待量达 5000 余人次，解决了 150 余名劳动力，占村劳动人口的 16%，年营业收入达 1000 万元，净利润达 100 多万元。

陈岙村村支书陈众芳表示，为推进旅游特色村建设，陈岙村将继续根据新修编的乡村旅游规划，坚持“山、水、田、居”四大特色元素联动发展，形成“山林登高览胜区、养生养老度假区、生态溪谷游乐区、美丽村居展示区、艺术文化创意园、田园观光体验区”六大功能旅游区，打造浙南闽北乡村山水休闲旅游目的地。

旅游攻略

地址：瑞安市塘下镇东北隅，东邻龙湾区

交通线路：温州市区—温瑞大道—塘下和仙岩方向—茶山高架桥—肩牛山隧道—仙岩—塘梅方向—罗山大道—塘下消防—龙湾界路牌左转—陈岙村（约 1 个小时车程）

联系方式：0577-65293087、13706688190

门票：除了水上游乐体验项目（每年端午节前后开放）收费外，其他自然景观不设门票

安放心灵的彩色驿站——二沙村

西湾是平阳县的革命老区和主要渔业生产基地，也是国家AA级旅游区和温州市级风景旅游区。二沙村位于平阳县鳌江镇西湾社区，地处鳌江与飞云江入海口的交叉点，在平阳县的东南部，距县城10.5千米，温州57.5千米，交通较为便捷，东临东海，南濒鳌江口，西靠鳌江墨城，北迎瑞安飞云江，全村背山面海，包括二沙、礁门、黄岩头等8个自然村，是温州首批正式命名的特色旅游村之一，是一个以海蚀、礁岩、滩涂风光为主的海滨、海岩型风景区。

网红“彩色驿站”传走

一路色彩的二沙村

“我有一所房子，面朝大海，春暖花开。”这是多少人历经忙碌工作后，想要暂时远离都市的心声，获取“传走”在微信朋友圈的网红“彩色驿站”后，心动着要在二沙村留下“到此一游”的标签。

沿着海滨交通绿道，海岛魅力弥漫身旁，就连拂面的风也带着海的独特咸味，温州大学美术学院学生创作的彩绘如影随形，一直延伸至二沙村。礁门自然村的彩色驿站终于如期出现，为游客消除了内心的浮躁情绪，增添了艺术家般的优雅恬静。

“彩色驿站”可不只是名义上的“彩色”，而是真正把“彩色”深入渗透到各个角落。渔村里每一块石头、每一幢墙壁都是美丽画卷，民房上的墙绘色彩斑斓，连岩石台阶上的图案也是精心绘制，把村庄渲染得格外亲切温暖。

看到此番景象，游客忍不住驻足观赏，对彩色爱不释手，墙绘中的碧海蓝天、悠悠草地，呼应眼前所见的二沙村，还有彩色驿站道路旁摇摇曳曳的花卉，心情顿然舒坦，纷纷拍照留念。拾级而上，走进民房，房内海滨渔家风格的装饰，展现了村庄朴实的民风，让人心生向往。

“西湾之礁，龙神之俱，千古长存，日后其名必盖世人”，这是著名画家池沙鸿西湾之旅留下的感叹。重重叠叠的海蚀崖是摄影工作者和美术工作者取之不尽的创作源泉，也是游览戏耍的好场所，更是旅游者观潮、捉小海的好去处。

“吃喝”带动“玩赏”

一方水土养一方人，随着二沙村的彩色驿站建成，依托得天独厚的自然资源条件，发挥海滨、溪瀑、滩涂等靠海自然优势，“农家乐”“渔家乐”等乡村旅游应运而生，由此拓宽村民致富道路。

三五成群的渔船，在一碧如洗的蓝天下，显得有些斑驳陈旧。曾经它们崭新如初，闪耀着光芒，年华老去渐渐褪去新衣，但仍能伴着渔民，驱赶薄雾，踏着星光，迎着朝阳，起锚出航，在大海里翻腾，时时送来新鲜肥美的海鲜。

彩色空间

沿着海边前行，鳞次栉比的渔家乐一家接着一家，每一家都拥有不同的风格。当地政府引导并扶持村民发挥海水、海滩、海鲜、渔家、渔船、渔港等特色优势，借助“吃”字起步，吸引了周边地区游客前来登山、摄影、烧烤、玩泥、捕鱼捉虾、品尝海鲜等。很快，旅游业转化成为渔民的直接收益，出现

彩色道路

了由“吃喝”带动“玩赏”的旅游发展现象。随着客流量的增长，二沙村不断完善包括吃、住、行、游、购、娱的全程服务，着重打造海鲜大排档“金名片”，传承质朴渔家风味，创新特色海鲜料理，提升档次，做大做强排档经济，促进渔民由原来的单一的捕鱼加入转型到旅游服务中去，二沙村旅游整个融入到温州旅游的大环境中，真正打响了二沙村的旅游品牌。

据不完全统计，目前二沙村共100多户、500多名渔民，已有20多户100多人从事旅游相关产业，旅游营业收入逐年增长，渔民生活水平有了显著提高，夏季最高峰时每天可达到5000人次。

可视听的“渔乡文化”

凭借沿海的地理位置，二沙村渔民不仅抓住时机，打鱼、种茶、养海鲜，用双手创造出了美好生活，让渔业发展景气，还把“接地气”的渔乡文化、风俗民情融入到日常生活中，潜移默化地传递给游客。

彩色墙体

彩色渔网

二沙村有座杨七相公庙，传说供奉的是杨老爷第七个儿子，它在民间的地位就如同海洋保护神一样的存在。因此，当船只展开隐形的翅膀出海打捞生计时，渔民都会到杨七相公庙烧香求平安，祈祷出航能满载而归。

渔船出去的时间不固定，少则几小时，多则要几天，但众人总是期盼渔船能如约而至。终于在等待许久后，渔港码头边，成群的渔民打鱼满载而归，同甘共苦的亲友，肩并肩扛着装满海鲜的篮子，迈着矫健的步伐一起回家。二沙村就会出现这样的热闹场景：捕鱼进行批发或零售，靠着当地的海产品吸引了周边地区的人前来尝鲜。

以船为家的渔民有着自己的习俗风情，有兴趣可以到码头零距离接触浅海放网捕鱼的渔民，学习修船织渔网、海上遇险求生知识，听听海边祈祷的渔家女诉说故事，或是直接登上渔船与渔民一同出海体验下海拉网捕鱼的全过程。二沙村驻扎的边防派出所的官兵同样融入了渔民生活、生产的各个领域，形成独特的军民鱼水情文化，二沙村因此被授予“爱民固边模范村”。

二沙村作为一个安静的港湾，远离纷扰的都市，岁月在潮涨潮落间流逝，而这个小渔村也在悄悄蜕变。

旅游攻略

地址：平阳县鳌江镇西湾社区二沙村

交通线路：从平阳下高速转 104 国道往苍南福州方向，到鳌江火车站大道向左直走

难忘渔家乐的目的地——东岙村

东岙村位于洞头本岛东南部，全村陆地面积0.35平方千米，辖2个自然村，共620户，总人口1836人。村域内有连港蓝色海岸带、红黑石滩、观音训狮像、陈府庙、张君声纪念碑、民俗工艺馆、长寿宅、聚财屋、秀才居等独特的自然人文景观，民俗人文资源丰富。经多年开发经营，目前已形成吃、住、游比较成熟的渔家旅游服务，是浙江省旅游特色村。

坐拥海岛独特的自然风光

东岙村美景

仙叠岩

从洞头区政府所在地北岙出发，驱车沿洞头交通绿道一号线向熟悉的东岙村驶去。东岙村位于洞头本岛东南部，东傍大沙岙、仙叠岩景区，南望神州海上第一屏仙叠岩景区，西临国家一级渔港洞头渔港，自然景观丰富，是摄友们来洞头爱去的拍摄点。

大沙岙海滨浴场是洞头的经典景区，沙质细腻柔软呈金黄色，踩后无明显痕迹，故又名金沙滩。每年夏季，来这里晒日光浴、游泳冲浪的游客人山人海。沙滩四周奇礁兀立，有海豹回头、猛虎下岗、将军观天、龟石岩等景观。浴场边的南炮台山是东海海防要塞，可观鸥鸟、听松涛，一洗尘嚣，是赏海上日出的好去处。

东岙村虎皮房

仙叠岩景区巨石摩天，危石层叠，险峻多姿，蔚为奇观，是听涛、观海、赏石的绝佳地。被誉为“中国岩雕第一人”的中国美院洪世清教授创作的 30 余处岩雕作品，加上名家书写的诗词作品摩崖，更增添了赏石品画的雅趣。

古民俗展览馆

2013 年，一条全长 1.6 千米的连港蓝色海岸带（东岙段景观）开通，将仙叠岩和半屏山景区有效连接，途经渔港码头、东岙、红石滩，是洞头单程最长的游步道。木栈道架在礁岩之上，紧贴着岩壁，向东西延伸，将洞头最旖旎的滨海风光串连成线。走在游步道上，放眼望去，奇石、美礁、碧波、细浪、古船，人与自然协调出的美景让你更加舒畅开怀。

享受依旧浓郁的闽风渔风

东岙村依山而建，最早的住户是从福建移民而来的渔家。随着第一代岛民在此安居乐业，来自福建的习俗文化也很快落地生根。如今，这些印记依旧清晰可见。

迎头鬃

七夕成人礼

走进东岙村，村里随处可见房屋的海岛地域标签，比如这里的渔家屋单层、低矮、盖瓦、压石，屋内的小天井瓦面坡度大，向内凹斜成漏斗，从实用意义上说，这样的结构有利于流水畅通，便于海岛雨水收集，因为淡水是海岛的稀缺资源。石块堆砌的石屋，色泽深浅不一，看似一张张“虎皮”。

在东岙，农历七月初七不仅仅意味着瓜棚月下倾听牛郎织女的爱情故事，更是祈求安康的传统节日。按照福建习俗，“七夕”是庆祝孩子满16岁迈向成年的“成人节”。几乎每年“七夕”，村里都要举行“成人节”仪式。这一天，家家户户以七星亭、巧人饼及其他果品祭拜七仙女，对于家中有未满16虚岁的儿童来说是儿童节，需要祭拜祈福；对于刚满16虚岁的少年来说是成人节，需要举行成人礼。戴红丝线、吉祥链是祈福少年儿童健康成长；烧七星亭、吃巧人饼是感恩“七仙女”；放水灯是祝福家宅平安。除“成人礼”外，东岙还有普渡节、迎头鬃等海洋民俗文化活动。

“长寿宅”“渔家院”“聚财屋”等古老建筑显现渔家风韵，“陈府庙”“民俗馆”“民间工艺馆”展示闽南文化，“虎皮墙”上的渔民画、海洋动物故事漫画，让人沉浸在浓郁的海洋民俗氛围之中。

打造“三渔”特色的休闲旅游

古时的东岙村作为渔港，是海上商贸往来的要塞，繁华程度远超过县城。随着半岛通车，这里凭着古朴的民风、优越的地理条件，成为各地游客趋之若鹜的“渔家乐”目的地。在品尝海鲜美食的同时，越来越多的游客走进渔村，感受“虎皮房”的沧桑年轮，用镜头定格渔村的岁月痕迹。

尤其自 2008 年起，东岙村已连续举办了八届东屏七夕民俗风情节，活动品牌宣传和影响力辐射周边县市。在以“七夕节”为代表的民俗文化发展影响下，东岙村抓住机遇，因地制宜，蓬勃发展乡村民俗休闲旅游。目前，东岙村有渔家餐馆 6 家、渔家旅社 28 家、休闲渔业公司 1 家、旅游商铺 13 家，将旅游的六要素“吃住行游购娱”全覆盖。

东岙村的渔家乐休闲旅游从无到有、从小到大，基础设施及配套功能日趋完善，规模不断扩大，方式日益丰富，逐步形成了以渔家乐为产业特色的渔家乐休闲旅游海景观光带。如今，该村依托当地渔村自然生态、海洋风光、渔港景观和特色渔业，以渔户家庭经营为主体，以“吃渔家饭、住渔家屋、游渔家景、享渔家乐”为主要特征，为游客提供体现“三渔”特色的“品味渔家菜肴、体验海洋文化、走进渔家生活、欣赏渔村风情”等休闲旅游项目。

东岙海滨浴场

旅游攻略

地址：洞头本岛东南部东屏街道东岙村

交通线路：

1. 自驾：温州市区—机场大道—灵昆大桥—灵霓线—五岛公路—洞头本岛—东屏街道东岙村

2. 公交：151 公交车温州火车站广场—汤家桥南路—机场大道—灵昆大桥—灵霓线—五岛公路—滨海大道—再转东屏街道东岙村

温州知名的养生村——庙后村

泽雅镇庙后村，位于瓯海区西部，距温州市区 35 千米，115 多户、总人口 600 多人。庙后村地处山区，海拔在 500~800 米，四季分明，春秋宜人，冬季温和。特别在夏季，气候清凉，实属避暑胜地。庙后是台湾当代国宝级著名作家琦君的故里，村口的“七寄树”被列为温州十大古树名木，这里民风淳朴，村庄整齐，古风悠然。庙后也是泽雅景区著名的景点之一，村境内竹海绵延，异常壮观，山水风光优美，景色秀丽。

避暑胜地

庙后村可以提供优质的中老年人健康养生和生态休闲旅游产品，故吸引很多温州市区人过来休闲、养生、避暑，游客看重的是这里的山水和环境。

一是环境自然生态，气候宜人。庙后村地处山区，海拔在 500~800 米，四季分明，春秋宜人，冬季温和；特别在夏季，气候清凉，实属避暑胜地，有“浙南小庐山”之美誉。所在的泽雅镇是省级生态示范镇，森林覆盖率达到 85% 以上，空气质量、噪声质量、地面水环境质量、饮用水各项指标、污水排放等均符合规定的检测标准和要求。

庙后桥

二是旅游资源丰富，设施齐全。庙后村是泽雅省级风景名胜区的重要集成部分，泽雅的主景区“七瀑涧”到此为终点，另一大高山避暑休闲景区——崎云景区以此为起点。这里距泽雅湖景区 5 千米，距泽雅大峡谷漂流景区 3 千米，旅游资源十分丰富，相对集中的乡村旅游点达到 20 处以上，乡村旅游“吃住行游购娱”六大旅游要素完整、设施完善。有登山游步道、自行车绿道、林步道和钓鱼等健身运动设施；有四季果园采摘、蔬菜种植采摘、花卉培植观赏等农事活动；有以保健、养生、药膳等为主题的老年养生饮食等。

三是医疗条件较好，安全保障。基地内设医务室，有一名全科医生，配备老年人常用药品和医疗器械，包括老年人常用的急救药品、轮椅、担架等。在庙后 15 千米范围内，有一所设备较好的泽雅镇医院，在 3 千米范围内有一所社区卫生院，与附近的医院建立了良好的应急合作协议。同时，基地内配备有老年人必需的扶手、护栏、拐杖，各类场所的地面均设有防滑等安全设施，各类从业人员都经过卫生、安全和应急处置的培训。

特惠农家

近几年来，庙后村农家乐休闲旅游发展迅速，目前挂牌营业的农家乐经营户已达 12 家，占全村总户数的 10%，间接从业农户占全村总户数的 35%，经营特色以农家旅店和当地农家菜为主。庙后村农家乐依托泽雅景区，为各阶层游客提供完善的“住农家乐、吃农家饭、游乡村景、享休闲乐”一条龙旅游服务。2013—2015 年全村年游客接待量达 2.1 万人，营业总收入 350 万余元。历年来，庙后村先后荣获“温州市农家乐特色村”“浙江省特色旅游村”“浙江省农家乐特色村”等荣誉称号。

庙后村之所以成为老年人养生休闲的首选，离不开当地的美食和气候。本地饲养的猪、羊、鸡、鸭肉味道鲜美，自家种的瓜果蔬菜纯绿色食品。庙后村农家乐客源主要以城里人休闲避暑为主，夏季这里的气温比市区要低 5~8 摄氏度，夜间和早晚尤为凉爽，所以特别适合中老年人度假休闲。更重要的是，这里农家乐吃住收费低廉，包吃包住每人每天仅收 80~100 元，如果正餐每桌凑齐 10 人的话，还可以享受九菜一汤的农家美食。很多老年人在这里一住就是十天半个月，有的老年人还选择在这里常住。

琦君故里

庙后村是一个有着400多年历史的古村落，居住着潘、陈、林、傅、胡、卓、金等姓氏人家，由“上垟山”“下垟山”“门前田”“中央田”“上祭头”等自然村组成。

根据宗谱记载，潘姓是庙后村最早的村民。据传原住村里的是一户夏姓人家，因无子，嗣潘桥一潘姓后人做儿子，夏姓父亲死后，儿子改姓为潘。《潘氏宗谱》有一段话是这样写的：“潘桥嗣后十七世祖文珪太公由潘桥迁居庙后独怀大志，兴创伟业，将夏祠旧基改为潘氏宗祠。”此后，庙后村便不再有夏姓。

一方乡土，承载着乡民的历史，见证了人物的传奇。潘氏宗谱记载的三十四世裔孙，“中国陆军上将勋五位前浙江第一师师长潘国刚”和他的养女琦君就是庙益村的传奇人物。

1882年6月6日出生于庙后（现庙益村）的潘鉴宗，原名潘国刚，1902年考中秀才，1903年考入福建武备学堂，1906年被保送入北洋军学堂学习，1911年复入保定陆军军官学校，1913年毕业后分别任陆军部中校参谋、浙江陆军第一师参谋长，1923年目睹“国军”腐败现状，深感痛心，宣布“绝交军旅”，1927年南返回乡。返乡后热心于公益慈善事业，修建瞿溪至林洋、庙后、藤桥等地山路，创办“鉴宗小学”（庙后小学前身），潘氏族训“孝忠

琦君纪念馆

家国本，礼乐圣贤操”在他身上得到最好的体现。

中国现代著名作家，潘鉴宗养女——琦君，1917年出生于庙后，1941年大学毕业，1945年去台湾，任台湾高检处司法行政部编审科长，1969年在台湾中央大学执教，1954年小说、散文集《琴心》出版，写有《橘子红了》等著名散文，散文《神奇的景象》写了自己于抗日战争时期逃难于故乡山中的感受，特别是她的许多作品都充盈着对故乡的真切记忆和美好情感。

琦君在散文《乡思》中写道："故乡是离永嘉县城三十里的小山村，不是名胜，没有古迹，只有合抱的青山，潺湲的溪水，与那一望无际的绿野平畴。我爱那一份平凡的寂静，更怀念在那儿度过的十四年儿时生活。"字里行间流露出浓浓的思乡感情。

"崎云山水秀，庙后乡情亲"。如今的庙后村，正在利用名人文化符号，打造"琦君文化"品牌，游客纷至沓来，村里的农家乐、民宿火爆，古村正以新的姿态迎接着南来北往的游客。

旅游攻略

地址：瓯海区泽雅镇庙后村

交通线路：市区出发，往泽雅方向，沿泽雅环库公路经过七瀑涧景区，在分岔路口转庙后方向，继续前行，到达庙后

联系方式：0577-88905022、13506643321

住宿：如意居、当地其他价格实惠的长租民宿

高山流水中的美丽村庄——下庵村

下庵村位于温州市瓯海区西部山区泽雅镇境内，地处风景秀丽的泽雅省级著名风景名胜区核心地带七瀑涧景区的入口处，交通便捷，景色宜人，是一个融参与体验、度假休闲与美食运动于一体的综合型农家生态休闲村。下庵村从社会与经济全面协调发展创造良好生态环境的根本目标出发，建设生态良好的可持续发展美丽新农村。

看：自然风光

“绿遍山原白满川，子规声里雨如烟”，宋代诗人翁卷笔下如画般的乡村意境，用来描绘下庵村仿佛浑然天成丝丝入扣。下庵村生态山水资源丰富，生态优美，民风淳朴，具有幽雅秀美的自然风光和悠长久远的纸山文化。

下庵村位于七瀑涧景区入口，于20世纪80年代末开发，以七瀑涧溪峡庵至庙后段为中心，包括溪流两侧的山体，规划面积7.71平方千米，为泽雅开发最早、最著名的景区。七瀑涧景区因七折瀑一折高一折，一瀑胜一瀑得名，由深萝祭、九龙瀑、鳄鱼潭、鹰栖峰、七寄树、摇摆岩等30多处景点组成，以群瀑、碧潭、幽峡、修竹、怪石著称，形态各异，气势磅礴、蔚为壮观。景区现有游步道3000余米，休息亭廊4座。泽雅山民长期寓居于此，以山为生，他们在

村落

生存的空间里，创造了富有旅游价值的人文景观，水碓、水车、石屋、石墙、村落、风俗等，都使下庵村呈现出一派安谧、宁静、古朴、野趣。利用山水，近年来下庵村建设了一大一小两个停车场以及在建的游人中心等，这些都为支持下庵的生态旅游提供基础服务。

享：泽雅美食

近年来，下庵村大力发展生态旅游产业，农家乐、农家小院等旅游配套产业不断跟进和发展，泽雅“农家乐”是近年来依托风景区发展起来的集餐饮、娱乐、住宿为一体的娱乐项目，为浙江省第一批农家乐特色示范村之一，以其环境优美、经济实惠、服务周到等优势成为消费者度假、休闲的首要选择。“吃农家饭、住农家屋、干农家活、玩农家乐”成为泽雅旅游的一个重要组成部分。目前下庵村有农家乐 12 家，由村民将自家住房改造建成。有建有古韵茶楼的五星农家乐，也有位于景区瀑布边的竹楼民宿特色农家乐。特色菜有干大肠、暴盐头肉、风干咸肉、猪带血汤、咸鲜黄鱼、酒糟带鱼、生炒溪蛙、埋香溪鱼、红烧田鱼、酒蒸溪蟹、山鲜干杂、五味羊肉（汤）、鲞头冬瓜（汤）、鲜炒时蔬、雪菜笋片、鲜肉笋干、咸鲜笋块、扁煎洋芋、葱油芋块、姜香酒味家鸡、清蒸鸳鸯番薯、硬炒粉干、薄型面干、八宝粉块、锦粉杂炒等山外难以吃到的“泽雅纸农菜”。此外，还有农家美食品尝、溪涧休闲垂钓及摘瓯柑、采茶叶、捣年糕、磨豆腐等农事参与体验，每年春季，竹笋特多，带小孩一起去挖笋也是件其乐无穷的事情。

泽雅鱼头汤

泽雅豆腐干

玩：峡谷漂流

“绿水青山就是金山银山”，这句话形容下庵村非常恰当。这个有着群瀑、碧潭、幽峡、奇岩的村庄，曾经是个“孤芳自赏”的小村落，如今因为“漂流”而声名鹊起。

泽雅漂流

泽雅大峡谷漂流，有浙南最大的漂流河道，漂流河道地处一个天然的峡谷中，全程1.5千米，用时1小时左右，两岸林郁竹翠，奇峰怪石，秀波碧潭，水流湍急，蜿蜒而下，全程有28个急滩，9个碧潭。其中，最高单落差12米，最大坡降70度，采用无动力漂流专用橡皮艇自助漂流，沿途有30余处定点安全岗位，有专业救生员为游客保驾护航。

“让激情在山水中飞扬”是此处漂流的真实写照，它以惊险、刺激、安全为特色，让游客在有惊无险中体验浪遏飞舟，感受与怒涛搏击的雄浑与壮阔。在山水如画悠闲自得中，享受大自然的温柔与宁静。

近年来，“泽雅漂流”以它独有的魅力吸引着来自四面八方的游客，2006年7月浙江省副省长陈加元等省市领导亲临泽雅漂流，并写下“七月流火日当烈，下庵漂流兴致高。浪遏飞舟两千米，惊涛险滩任逍遥”的诗句予以勉励。“泽雅漂流”已被温州市体育局和旅游局评为首批“体育旅游示范基地”，并连续两年荣获“旅游接待先进单位”，被游客形象地誉为“长三角第一漂”。当地旅游开发有限公司主营漂流项目，2014年4月筹建了拓展项目，拓展项目是建立在泽雅漂流的基础上的一个行走观光项目，走完全程约需一个半小时。

凭借地处西雁风景区核心区域的独特优势，下庵村大力发展生态旅游产业，形成了吃、住、玩为一体的特色生态运动休闲村，成为温州市民周末休闲和春游踏青的理想去处。近几年来先后被授予“市级生态村”“市级文明村”“省级生态旅游村”等称号，并申报了国家级生态村。

旅游攻略

地址：瓯海区泽雅镇下庵村

交通线路：

1. 自驾：开车上温州锦绣路，一直向西，不拐弯，进入“天长岭”隧道，出隧道后就到了泽雅镇，到达泽雅镇后往泽雅水库行驶，到达泽雅水库根据景区路标行驶可直达下庵村

2. 公交：37 路早上 8 点 30 分左右，可直达泽雅景区（下庵村）

联系方式：0577-86313688、88118400（漂流热线）

住宿：涛声云墅、泽逸民宿

第三章
乡村旅游景区

乡村旅游作为一种新兴的旅游模式，出现后近年来越发火热，并且呈现出良好强劲的发展势头。为了带动当地经济发展，各地政府部门对乡村旅游的扶持力度不断加强，一大批乡村旅游景区在各地纷纷涌现。作为一种重要的特色旅游产品，温州乡村旅游景区加大投入，完善升级，成为旅游市场的“主力军”。

浙南桃花源——碗窑古村落

碗窑村旧称蕉滩或蕉滩碗窑，位于苍南县桥墩镇境内，玉龙湖河谷中上游，是清代浙南地区烧制民用青花瓷的主要基地，始建于明洪武年间。碗窑融民居、古陶瓷生产线、古庙古戏台于一体，至今仍完整保留着商品经济萌芽时期以手工业工场为中心的古老村落形态，是一座活生生的“历史博物馆”。

古老工艺　天工窑韵

龙窑夜景

碗窑依坡而筑，每条窑有八九格，故名阶级窑。古代工匠充分利用水力建成八级水碓，计有46个捣臼的半自动生产流水线。村落中至今仍保留着300多间清初样式的古建筑，吊脚楼更具畲乡风格，顺坡拾级而筑，宛如一座古朴的山城。碗窑村很小，很僻静，仅数十户人家，背山临水的村子，每户人家的房前屋后都有山泉绕过，恬淡秀美，宛如人间仙境。小小碗窑村在温州的地图上找不到，就连许多温州人都不知道这个村落的存在。

据当地《巫氏宗谱》记载，清雍正十一年（公元1733年），桥墩巫氏十五世由福建汀州连邑迁居桥墩蕉滩，见这里高岭土贮量丰富，且林木葱茏、燃料充足，加上交通通畅，发展陶瓷业得天独厚，遂重操旧业，以陶碗传家，初创了陶瓷工业。后迁于此，将此地称为碗窑。清末民初，陶瓷业最为鼎盛

碗窑陶艺

时，窑工达四五百人。村民们引溪流穿村而过，流经家家户户门口，以水流冲力带动沉重的水碓研磨瓷土，又以瓷土制成碗、盆、壶、罐等器物的坯胎，晾干后装入炉窑，经过四五个小时的高温焙烧，然后涂上青花釉彩，运往温州、宁波和闽、沪、赣、粤、皖、鲁等地销售。最繁忙时40多个水碓、18条龙窑一齐开工，整村彻夜不眠，是当时温州地区最大的瓷器生产基地，其中又以荷花盖碗最负盛名。

碗窑至今保存完整的13级龙窑于康熙年间由王氏建立，至今仍在使用。这里的龙窑用砖土砌就，拱形洞口高1.5米，进深7米，层层叠叠，沿坡而上，一般有八九级，因像龙，俗称“龙窑”，也称“阶级窑”。窑上盖有瓦棚，窑从下端点火，往上端出烟，用的仍是原始的焙烧方法。碗窑的每件成品从舂土到出窑，必须要经过舂土、洗土、拌土、制坯、画花、舂釉、洗釉、刮脚、入窑、烧窑、出窑、分级等十几道工序，全凭手工操作，这在国内已十分罕见。从这座现存最后依山而筑、用木柴作燃料的13节龙窑上，我们依然能够看到明初商品经济萌芽时期的手工工场和生产工艺。

古老建筑，刻录时光

整个村子有几百年历史，一条条蜿蜒的山道将一家一户串连起来，清朝初年的吊脚楼、二层高的小木楼，错落有致、形态各异，仿佛一条藤蔓上左一朵右一朵缀满的花……几百年的时光匆匆而逝，村道的石板被磨得光可照人，头顶上的老房子屋檐依然能遮风避雨。村道很窄，仅容两人并肩而行，常有朴实的村民迎面而来，他们会热情地让客人先过，外来的旅人总在这不经意间找到回家的感觉。碗窑的古建筑也是其他地方少见的，村中心有一座

碗窑老屋

传统工艺

清同治时留下来的台基高4米的古戏台，为木构斗拱结构，斗形与弓形横木相互卯榫嵌合衔接，形成上大下小的托座，纵横交错，逐层挑出，共有16旋，高3米，最大直径4米。旋形边上的4个角还雕有4只翩翩起舞的大蝴蝶，造型典雅精致，不用一枚铁钉。戏台立柱上刻有“情节新奇出人意料，机关巧妙娱我视听”的对联。戏台对面是一座富丽堂皇的三官大帝庙，它朱栏红柱，丹青重彩，中央大厅4根立柱支撑着庙宇的伞形屋顶，这是传统建筑中极为罕见的螺旋式藻井，共13旋。藻井层层描绘人物、花草，这种建筑样式通常只在宫廷中采用，在这偏僻的山村中居然能找到这种显示皇家气派的古建筑，实在令人惊讶。古戏台边上有座刻有“咸丰五年”字样的石墩，上插悬挂天灯的高高木杆，每晚点燃灯芯后，用绳索拉上，高高悬起，在没有电灯的时代作为夜间引路的照明光源，古人的良苦用心可见一斑。

碗窑既是一个水乡古村，又是一个文化古村，拥有丰富的清朝、民国时期传统民居建筑、制瓷作坊和瓷器遗存，自然山水资源优越，充分体现了先人在村落选址、院落布局、建筑构造、装饰技巧、制陶技术等方面的高超水平，有着非常珍贵的物质文化遗产和非物质文化遗产资源，是一部研究浙南乡土文化、乡土建筑和陶瓷发展史的活教材，具有极高的历史、艺术和科学价值。因此，有人称碗窑古村落为古民居的活化石，浙南的桃花源。六百多年的历史文化积淀，在繁华褪去后以一种恬淡闲适的姿态，深藏在这静谧的山水之间。“国家3A级旅游景区”“中国历史文化名村”“浙江省最美丽的乡村”“中国民族民间建筑魅力名村”“首批中国传统村落”，这些头衔是对它最好的肯定。从玉龙湖对岸望去，山中有村，村中有窑，犹如一座重重叠叠的山城，其中，八角楼、吊脚楼、古戏台、古龙窑、三折瀑、陶瓷博物馆、古陶瓷作坊，处处给人惊喜。

旅游攻略

地址：苍南县桥墩镇碗窑村

交通线路：

1. 自驾：G15（甬台温）高速观美出口下，经桥墩镇到景区
2. 铁路：苍南动车站下车，先从县城坐车到桥墩车站，再转车到古村
3. 班车：温州汽车客运中心—灵溪—桥墩—碗窑

联系方式：0577-68723687

门票：成人30元

快乐的农庄——苍南日月潭

日月潭农庄

日月潭农庄是苍南县日月潭农庄有限公司与台商合作的农业项目，苍南台湾农民创业园对接“海西”桥头堡的一个重点工程。农庄规划总面积约1400亩，总计划投资8000多万元，借鉴台湾农业经验，发展现代高效精致生态农业，致力打造一个集农业、休闲、旅游、餐饮、住宿、教育、文化于一体，融现代农业与休闲观光度假相结合的高端高效精致庄园。规划建设区域包括现代农业生产区、田园休闲区、农业科技培训教育区等。

休闲园区

日月潭农庄有几大功能区域，休闲园区主要承担农庄休闲、餐饮部分功能。该园区建有一座512平方米的温室玻璃大棚，采用多孔板隔空与架高方式，一楼主要用于农产品展示加工、农业文化、宣传教育等，二楼用于游客休憩与餐饮服务。园区建有草莓大棚及蔬菜大棚30亩，主要用于农业休闲采摘以及农产品销售。园区内还配有多孔板架空的水泥基础道路，木桥、凉亭等基础设施。为突出休闲、餐饮的主题模块，配有国外进口的儿童游乐设施、自助烧烤设备、绿化草坪以及郁金香花造型。河边的休闲小木屋，可供游客休憩、餐饮、娱乐、垂钓。

花海观光区

农庄与浙江省农业科学院以及园艺院合作，打造数百亩的休闲观光花海。2013 年下半年播种油菜花 100 亩，并制作数十个稻草人，春天以“听稻草人讲故事”为主题向外开放油菜花观赏。余下花海区域约 110 亩，播种金盏菊、二月兰、宾菊、矢车菊、虞美人、薰衣草等花种，每年 4 月开始相继开花，花期持续 2~3 个月。观光区配有观光游步道、观景台、葡萄棚架观光道等辅助设施，同时与当地婚纱摄影基地合作，建立婚纱摄影户外基地。

郁金香

薰衣草

果树采摘区

果树采摘区 130 亩，主要种植有葡萄 50 亩，青枣 20 亩，杨梅 5 亩，以及桃、火龙果、枇杷、梨、金橘、橙子、柚子、樱桃、蜜橘等，该区域倾力打造的亲子采摘活动，也是小朋友认知学习的好地方，更是快乐亲子的好渠道。

可爱动物游乐区

动物区域内主要饲养有鸡、鸭、鹅、兔子、孔雀、鸳鸯、天鹅等 20 余种可供游客观光欣赏的小动物。同时，建有一个占地 1500 多平方米的少儿迷宫游乐区，让小朋友们玩乐的同时身心愉悦，健康成长。

露天汽车影院休闲区

小火车

农庄配有停车场，可同时供100辆汽车停放。门口设有保安亭及售票大厅，供园区对外开放时售票使用。同时借助现有停车场，建造一方十几米的露天汽车影院，与院线同步放映电影，也可作为农庄对外广告宣传及开展会展项目之用，周围还配有休闲烧烤设备、洗手间等基础配套设施设备。

坐着小火车在花海里穿梭，浪漫的紫色花海马鞭草，美丽的玫瑰花、百合花、金银花……一场与花儿共舞的盛会将在这里开启。夜里，可以欣赏奇幻灯光秀。在豪华小木屋里住一晚，用土灶台煮一次饭，给自己一次浪漫闲适的归田园居生活。超大水上乐园活动项目，还可让你清凉一夏。

旅游攻略

地址：苍南县灵溪镇岭前村

交通线路：

1. 自驾：经G15高速，苍南出口，往福鼎方向，过浙闽水产交易市场市场约1千米处，加油站斜对面大路进入华新路即可到达

2. 公交：苍南动车站下，到灵溪汽车站，乘坐至桥墩的巴士，到华新路口下车，步行进入华新路即可到达

联系方式：0577-64777777

门票：成人30元

住宿：农庄小木屋，500~2000元不等

爱国主义教育基地——乐清王十朋故里

王十朋（1112—1171），字龟龄，号梅溪，北宋徽宗政和二年出生于乐清左原（今淡溪镇）一个寒素的士人家庭，南宋著名的政治家、文学家、教育家及爱国诗人，温州自唐宣宗大中十三年至清末废科举（公元 859—1905 年）的 1050 年，状元有 6 人，王十朋是温州史上第一位，也是乐清唯一一位。

王十朋作为乐清最为知名的历史文化人物，他个人形象丰富多彩：状元、政治家、文学家、教育家、学者，更以气节名世，对当时的政坛、士林及后世影响深远。

王十朋和淡溪

南宋开科状元王十朋故里淡溪，文化积淀深厚，生态环境优美。王十朋从小颖悟强记，7 岁入塾，14 岁起先后在鹿岩乡塾、金溪邑馆、乐清县学、温州府学读书，学通经史，诗文远近闻名。33 岁在家乡创办梅溪书馆授徒，34 岁入太学，46 岁中状元，就此步入仕途，三任京官（当过太子的老师），两次辞官，四任知州，最后以龙图阁学士致仕。

淡溪自然环境幽美，以湖秀、峡深、谷险著称，有白龙山、淡溪水库、龙门峡等景点。白龙山系括苍山余脉，海拔 700 多米，以奇洞怪石、幽谷秀水、名寺古刹、森林景观为主要特色，有天门阵、九洲岩、连霄嶂等景观 300 多处，都是一些光溜溜的大石头堆叠成形，颇有野趣。

淡溪黄塘古民居

蒸蒸日上

淡溪田野

白龙山

淡溪乡村旅游资源丰富，盛产杨梅、椪柑、猕猴桃、黑李、枇杷等名优水果。杨梅种植面积达两万多亩，不同时令水果、蔬菜等农事体验活动不断成熟并受到热捧。另外，淡溪的农家乐发展强劲，各农家乐环境优美，配套设施齐全，亲子项目丰富，其中贤招农庄为省四星级农家乐，清平乐农庄、昌豹农庄、梅溪生态农场为省三星级农家乐。

淡溪较好的保存着王十朋纪念馆、王十朋墓、梅溪书院（草堂）等文化旅游资源。王十朋纪念馆是浙江省爱国主义教育基地，王十朋墓为省级重点文物保护单位。

白龙山

在淡溪，你可以欣赏清新的山野风光，体验宁静的山村生活，品味悠远的状元文化。淡溪是都市人远离喧嚣、享受慢生活的首选。

王十朋纪念馆

王十朋纪念馆

王十朋纪念馆于2002年建成，2012年王十朋诞辰900周年时重修，纪念馆由乐清籍的国学大师南怀瑾先生题写馆名，整体为三退三进三桥式院落结构。院中主建筑内有王十朋塑像及介绍生平事迹的资料，王十朋将书斋命名为“不欺室”，旨在与人不欺、与世不欺，并请张浚书写“不欺室”作为书房的匾额，警勉自己。纪念馆后面是梅园，种了70个品种1700多株梅花。

相关古迹有王十朋墓、梅溪草堂、孝感井、洗砚池、状元手植樟、洛书阵等。

王十朋墓：位于淡溪镇四都梅岙村后牛塘山，占地2000多平方米，距王十朋纪念馆1.5千米左右。1989年被列为浙江省第三批文物保护单位。墓依山而建，座椅式，坐北朝南，分五坛，坛坎踏步及围墙由块石垒成。墓前有石刻马、虎、羊各一对，寓忠、节、孝之意。原墓碑“龙图阁学士王公墓志铭”，汪应辰撰文，记述王十朋生平业绩，张栻书石，朱熹题额，四人均为名垂青史的贤人，故称“四贤碑”，可惜在“文化大革命”期间被毁，今碑为1982年根据原碑文字刻制重立。

梅溪草堂：作为纪念王十朋诞辰900周年活动的主要工程之一，于2012年6月开始动工建设。在建设过程中，参考王十朋相关史料，根据其诗文记载，通过拆旧建旧的形式，尽量还原了梅溪草堂原貌。梅溪草堂是温州书院文化的发源地之一，梅溪草堂也是乐清影响力最大的书院，存续时间也最长，元朝时

王十朋墓

迁到乐清县城，清雍正初迁建箫台山下，至20世纪初停办，培养了一代又一代的乐清英才。

孝感井： 位于淡溪镇四都梅溪村内，王十朋纪念馆前50米，状元路旁。孝感井水源充沛，以前可供饮用和灌溉，井壁垒石而成，井口为方形，长1.6米，宽1.5米，中置一石梁，方便立脚汲水，把井口一分为二，成为八个角，当地人习称为八角井。王十朋11岁时，其祖父患病想吃鲫鱼，时值盛暑，其父亲在此井钓上大鲫鱼，“盖孝感也”，故名。王十朋对孝感井情有独钟，直至后来入太学步入仕途仍念念不忘，特作《井光辨》《大井记》《孝感井》等诗文。

洗砚池： 位于孝感井前20米，状元路旁。王十朋年少在家耕读时洗毛笔的池塘。

状元手植树： 位于洗砚池右50余米，状元路边，有两棵香樟树，为王十朋当年手植，树皮裂痕交错，显得十分苍老，但枝叶茂盛，绿意盎然。

王公洛书阵： 与状元手植树隔一条状元路，即在树荫之下，15块圆扇面大小的石础呈八字形，左边的八块，上圆下方，右边的七块，上方下圆。

旅游攻略

地址：乐清市淡溪镇梅溪村

交通线路：乐清市区沿宁康东路—绅坊动车站—双尖凤隧道—淡溪四都梅溪村

联系方式：13587958883（团体预约电话），提供免费讲解服务

门票：免费

深山中的美丽彩虹——泰顺廊桥文化园

泰顺素有中国廊桥之乡的美誉，境内现存古代廊桥数量众多、结构多样，细分类型有叠梁式木拱廊桥、八字撑木拱廊桥、仲臂木拱廊桥、木平梁廊桥、石拱廊桥等，以三条桥、文兴桥、永庆桥等17座廊桥为代表，引起了国内外广泛的重视。其中，在世界桥梁史上占有重要地位的木拱廊桥6座：泗溪姐妹桥（溪东桥、北涧桥）、三魁薛宅桥、仙稔仙居桥、筱村文兴桥、洲岭三条桥。此6桥中，泗溪的溪东桥以其优美的造型冠“景泰庆寿”四县古廊桥之首。

矴步·廊桥的前身

矴步是山区特有的一种交通形态，它的创造不仅为世代生活在大山里的人们提供了方便，而且给后人留下了极其珍贵的文化遗产。矴步多建于水不是很深但较为宽阔的山溪之中，方便人们渡河行路。

泰顺矴步

矴步形似琴键，如今亦有人称之为“琴桥”。泰顺有千条碧波，万条山涧，而矴步无处不在，长则数百齿，短则四五齿。有的碧波短短数百米，而矴步就有数十条，如蜘蛛网一般纵横交织在山水之间，成为山城大地一道亮丽的风景线，格外引人注目。

据考证和统计，泰顺共有矴步200多条，最早为百丈莒江矴步，修建于唐末，迄今有上千年历史，其由来传说颇多，可惜千年矴步如今已淹没在珊溪水库之下，远久的历史、独特的构造，还有那神奇优美的传说渐渐被人们淡忘。矴步分布较广，自东溪至仕阳十多千米路程就有百齿矴步十多条，如雪溪矴步、溪坪溪矴步、洋面矴步、铁炉坑矴步、彭溪矴步、蔡宅底矴步、东溪大矴步、仕水矴步等，其中最为壮观的要数仕水矴步。

仕水矴步修建于清嘉庆年间（公元1795年），全长136米，223齿，为全县之最。该矴步由两块平整条石砌成，平行分高低二级，高级为白色花岗石，低级为青色花岗石，高低宽近两米，可供三人平行来往。矴步南岸竖着十二块青石碑文，详细记载着当年的修建情况和工艺。仕水矴步气势之恢宏，建造之精美，堪称一绝，在国内也属罕见，具有很高的历史、艺术和科学价值，因此被载入《中国桥梁史话》，1989年还被列为浙江省重点文物保护单位，2006年被列为国家文保单位。

惊艳·泗溪姐妹桥

泰顺多山多谷、多风多雨、多溪多涧，当地人为了交通方便，建了许多桥梁。共计有各种桥梁968座，是高山上的“桥乡”。其中，木拱桥结构最为特殊，又叫“蜈蚣桥”，位于泗溪镇下桥的溪东桥和北涧桥就是其中具有代表性的两座。两桥相距不远，人称“姐妹桥”。

世纪之交，美国、德国等国家的专家学者纷纷赴泰顺考察并拍摄廊桥，当他们看到最具代表性的廊桥——北涧桥和溪东桥这对姐妹桥时，不由得惊呼：这是世界上最美丽的虹桥！

北涧桥，位于泗溪镇下桥村，因跨北溪之上，故此得名。始建于清康熙十三年（公元1675年），后经6次重修，至今容颜不改。北涧桥的美不仅美在桥本身的轻灵飘逸或是拥有虹桥的独特结构，更美在桥周围的环境。两条溪水在桥边汇合，溪水清澈见底，水面上还有一条用石梁搭起来的小石桥，接以矴步。沿着溪岸，一条小路将人引向桥头和村子，两株大樟树立于桥头，且都有上千年的树龄。大树的虬根牢牢抓住桥基周围的石土，使得北涧桥历

北涧桥

溪东桥

经数百年的风霜而无大碍。

溪东桥，位于泗溪镇下桥村，为叠梁式木拱廊桥。始建于明隆庆四年，清乾隆十年、道光七年重修。处在“将军逗狮”风水模式中的溪东桥，“虹气临虚，影摇波月”。桥拱上建有廊屋15间，当中几间高起为楼阁。屋檐翼角飞挑，屋脊青龙绕虚，颇有吞云吐雾之势。因为此桥外形美观，当地人号称为“最美的廊桥”。

2006年5月，泰顺廊桥（溪东桥、北涧桥、三条桥、文兴桥、薛宅桥、仙居桥、刘宅桥、普宾桥、永庆桥、南阳桥、霞光桥、毓文桥、城水桥、池源桥等15座廊桥）作为一个整体和闽东北廊桥被列入第六批全国重点文物保护单位。2009年10月，以泰顺为代表之一（其他4个代表区域为福建的屏南、寿宁、周宁和浙江庆元）的中国木拱廊桥传统营造技艺被联合国教科文组织正式列入《急需保护的非物质文化遗产名录》。

新颜·廊桥文化园

廊桥文化园是以泗溪镇北涧桥、溪东桥这对“姐妹桥”为核心的观光休闲旅游区域，距离温州市区105千米。它以山水休闲度假、红色经典回顾、生态休闲农业、影视文化传媒为主要特色。廊桥文化园是一个集廊桥保护、周边环境整治、旅游开发等为一体的项目，对加强廊桥的保护，弘扬廊桥文化，提高廊桥的品牌知名度有着积极的促进作用。

园区占地400多亩，以“一线、二点、三区”为布局，“一线”指北涧桥和溪东桥之间主要交通枢纽的泗水西路；“二点”指北涧桥节点和溪东桥节点；“三区”指山村生活区、传统商业街区、入口展示区。以宣传和保护廊桥为己任的退休老教师周万巩，在北涧桥桥头自费举办廊桥展览厅，向世人展示廊桥营造工艺和历史文化。他认为，廊桥文化园不仅有利于加强廊桥的开发和保护，而且也为廊桥走出泰顺、走向世界搭建了一个良好平台。

廊桥文化园

廊桥文化园也给当地农家乐带来了新的发展契机。正如北涧桥不远处的一座农家乐合伙人所说：“廊桥文化园建成后，人气会越来越旺，相信农家乐会越办越红火。”

2015 年，泰顺廊桥文化园景区入选 2015 浙江旅游总评榜之年度景区提升大奖。

旅游攻略

地址：泰顺县泗溪镇

交通线路：

1. 温州方向：沈海高速分水关出口下沿新 58 省道—泗溪镇

2. 丽水方向：沿 52 省道经景宁—泰顺县城—泗溪镇

3. 福建方向：沈海高速分水关出口下沿新 58 省道—泗溪镇或经福州—福安—寿宁犀溪—泰顺县城—泗溪镇

联系方式：0577-67641548

楠溪江畔最好的村落——苍坡村

关于苍坡村，楠溪江当地有句俚语“楠溪江畔多村落，就中最好是苍坡”。作为楠溪江流域古村落群中最具耕读代表性的古村落之一，早在1991年，苍坡村就已列为浙江省历史文化保护区。2013年，被国家住房和城乡建设部、文化部、财政部联合列为“第二批中国传统村落”。苍坡村以独特的人文景观和丰厚的历史文化底蕴，吸引了来自海内外的游人。

苍坡古村

村庄按“文房四宝”布局建成

苍坡村以“气论八卦”为理论依据，根据阴阳五行风水学说来总体布局。在规划设计时，国师李时日建议在村寨东、南两面建双池蓄水，四周开渠引水，以水克火，村庄四周建筑石砌寨墙和溪门，构成自成一方天地的封闭型村寨，意在锁住风水。

整座村庄按“文房四宝”来规划布局。用方砖和条石铺砌而成，横穿村庄前部，由东指向西的直街称为“笔街”，笔街全长360米，象征周天360度，是古人对“天人合一”观念的一种物化。笔尖直指西边的笔架山。村中两个水池就是砚池，东西两个矩形砚池分别称为“东砚池”和“西砚池”。砚池的大小刚好将村庄西边的笔架山倒映其中，显得恬静自然，勾勒出一幅江南山村水乡的静态水彩画面，给人一种回归田园的诗情画意。池西岸还有用条石围砌而成的砚槽，更让人感觉就是一方活脱脱的真砚。东西砚池的两旁道路边各搁置一块端头打斜的大条石，形状就像磨过的墨锭。

鹅卵石砌筑而成的正方形的村寨围墙和层次分明的建筑，布局整齐严谨的民宅，使得整座村寨恰似一张铺展开来已写过字的大纸。村庄内笔、墨、纸、砚俱备，至今仿佛仍散发出浓重的书卷气息。

苍坡村至今已有800多年的历史，依然保留着宋代建筑的寨墙、路道、住宅、亭榭、祠庙、水池以及古柏等，处处显示出浓浓的古意。

每当正月十五时，古村的人们会折叠许多纸灯笼——“鱼灯”，点上灯以后放到水中任其漂流，寄托吉庆有余的愿望。

全国仅一座的“国宝级”大门

苍坡溪门牌坊，也就是苍坡村的大门。与日本被奉为“国宝级”建筑的奈良东大寺的南大门构造如出一辙，而苍坡溪门的建造时间比日本还早12年。

溪门始建于南宋淳熙五年（公元1178年），全部是用木料巧妙地隼卯构筑而成，以大斗、小斗、托梁、挑檐建造，没用一枚钉子。中央直上五条，寓意“直通五部”（户、礼、兵、刑、工部），是沟通民间与皇帝的桥梁，希望五部官员体察民情，关心民间疾苦，对得起头上的这顶乌纱帽。屋顶为重檐悬山式结构，显得端庄而又古朴，凝重而又雅致。门柱上镌刻着一副对联：溪山揽胜怀先哲，门第添辉望后昆。既道出此处秀丽风景，又缅怀先祖光辉业绩，寄望后代儿孙能发

门牌坊

扬传统，读书入仕，光耀门楣。

而大门前的三级条石砌筑的台阶，村民称之为“三试阶”。“三试”即指的是封建社会科举考试的县（府、院）试、乡试、会试，这是中国封建社会读书人读书入仕、博取功名的必由之路。

和三试阶相连的是长约 20 米的“进士坦”。因为在封建社会，考中进士后不一定立即授予官职，对于有些新科进士来说，候缺是一个十分漫长的过程，有些人可能一辈子都无法如愿以偿。因此，在设计进士坦中就融进了这层事实。

走过进士坦，前面是七级石砌台阶。据苍坡村宗谱记载，第十一世祖李仲因居官清廉、政绩昭著，备受皇帝器重，官位连升七级。村民为纪念此事，特意在此修砌条石台阶七级，七级台阶上来后，地面上有顶用花岗石铺嵌而成的宋代一品大员的官帽。

蕴含先民智慧的经典建筑“水月堂”

水月堂坐落在东砚池北端的水中央，四面环水，只有一条石拱桥与堤岸相连，是苍坡村原来的书院兼药铺。整座建筑三开间，悬山顶，两侧有廊，设美人靠，敞廊覆檐，古朴典雅，被古建筑专家誉为“楠溪江古建筑中的经典”。

小桥

水月堂的前面有一方小院子，建有花坛、水池、石假山，三面砌有围墙，墙上有镂空的砖花。南墙上的镂空花墙共分三组花样，正中的那一组有八个八卦洞，寓意八洞神仙。在院中透过花窗可以清楚地看到外边的每一个场景和人的一举一动，但外面的人却看不见院中的情景，巧妙绝伦，野趣横生。

水月堂始建于北宋宣和六年（公元 1124 年），是苍坡八世祖李霞溪得知

围墙

古树

哥哥为国捐躯后，心碎肠断，辞官归隐苍坡，在东池北头水中央建造，他住在里面，日夜思念兄长，“寄兴殇咏，以终老焉”。后来，苍坡村的十二世祖李澹轩，曾师从名儒，却屡试不举，于南宋宁宗嘉定十六年（公元 1223 年）重修水月堂，吟诗会友、教书育人。不过，现存的水月堂是清朝时重建的，中堂悬挂有一块“吉洲园”的匾额，字迹清秀飘逸，遒劲有力。“吉洲园”得名于第十一世祖李樵隐，他曾在吉洲当教授，后来归隐苍坡，为乡人办了许多善事，第三十三世祖李世辅为标榜此事，教育族人，重建此堂并取其名为“吉洲园”，意在延续在吉洲从事的教育义事。

旅游攻略

地址：永嘉县岩头镇以北永仙公路西侧

交通线路：

1. 自驾：诸永高速枫林出口下右转—到转盘直走过楠溪江二桥右转—41 省道 3 千米左转—苍坡古村

2. 公交：瓯北码头汽车站（公交车）—岩头镇—苍坡村

联系方式：0577-67151232

门票：10 元

住宿：楠溪故事、溪楠草堂、大屋小栈

浙南古老"都江堰"——丽水街

丽水街的前身是已有400多年历史、汇集古人聪明才智的水利工程，建于明嘉靖年间。当时地方宗族规定堤上只许莳花种树与建亭，不准筑屋经商。到了清代，岩头村长堤成了担盐客的必经之路。清末之际，长堤发展成为初具规模的，集商业、民俗、交流功能于一体的集市场所。

经过恢复改造，如今的丽水街已经是岩头村较具规模的商业街。鹅卵石点缀而成的道路，古朴的商铺装潢，今时今日的丽水街带着沧海桑田的变迁感重新焕发出勃勃生机。

古朴老街的"活力商业"

"护城湖中栽荷花，绿树丛中隐古塔。杨柳紫微满湖堤，上下花园红间绿。横街直巷走方便，三进两退大住宅。房前屋后清泉水，亭台楼阁巧安排。"这首岩头妇孺皆知的民谣，就是传颂岩头古镇的丽水街。

在丽水街可以感受到独特的风水、特有的乡村园林以及巧妙的水利工程。丽水街全长300多米，街上有90多间店面，每间面宽约3米，进深10米，商店前空出2~2.5米宽的道路，有屋檐披盖，为行人遮风避雨。整个长廊按照丽水湖的形状而建，呈月牙形，十分独特。到了傍晚时分，屋檐下的大红灯笼依次亮起，鹅卵石铺就的路面和统一以原木色为主打的商铺装修，商贩间吴侬软语的闲聊，漫步在此仿佛穿越回明清时代。

丽水街街景

丽水街始建于明嘉靖三十五年（公元 1556 年），这里最早是一条堤坝，规划修建村庄时，挖丽水湖蓄水，以便在干旱的时候把水输送到村外的耕地里灌溉，为防止湖水外溢，就修筑了这条堤坝。当时，村规不允许村民在这里建房子，只可以建亭和种花。后来，这里变成百姓练习骑射的地方，骑射荒废后，变成了一条通道。

明末清初，商品经济得到一定程度的发展，而朝廷实施海禁政策，海上运输几乎停止，沿海地带的盐商只能从这条通道进入山区卖盐。来来往往的客商多了，老百姓的思想也就通了，陆续在这里建起店铺，做起了买卖。店铺都是两层木质结构，楼下店面做生意，楼上居住或用于存放货物。为了给过往客商提供一处休息和遮雨的地方，村民就在临水的一边修建了美人靠和屋檐。

民风淳朴的“浙南都江堰”

古村布局

丽水街所在地——岩头镇岩头村，始建于唐朝末期。宋末元初，始祖金安福迁居于此，在明世宗嘉靖年间由八世祖金永朴主持，进行全面规划修建。因地处芙蓉三岩之首，所以得名为“岩头”。

岩头村是一处坐西朝东的村落，后有青山作依靠，前有田野相偎依，十分符合风水学所说的“山起西北，水归东南”的风水大势。总体设计是船型建村，是一座按照水利工程布局的村庄。村里的古塔就是船上的桅杆，丽水街往北就是船身，把楠溪江里的溪水引入村中。通过这项水利工程，把水的饮用、洗涤、消防、灌溉等各种功能体现出来。整个工程从元朝开始，一直到明嘉靖三十五年（公元 1556 年）才完成。距今已有 450 多年的历史，至今仍在发挥作用，被称为“浙南的都江堰”。

朴素古韵的“两亭一桥”

虽然丽水街全长300多米，不过南端是寨墙的南门，门边高阶上有乘风亭。离亭不到50米，还有一座接官亭，重檐攒顶，朴素庄重。两亭与丽水古桥一起为丽水商业增添了一道亮丽的风景线。

乘风亭：丽水街西面尽头一座亭子，夏天特别凉爽，有对联：“五月秋先到，一年春不归。”恰当地描绘了这里的景致。亭子是用香樟木所建，夏天有驱虫防蚊之功效，旁边这棵香樟树已有三百多年的历史了。大家再看亭中这副对联：“茶待多情客，饭留有义人。”亭子里常年备有现成的茶水，夏天叫“伏茶”，用清凉解暑的中草药烧煎而成，其他季节则是各种凉茶，供人免费饮用。民间把这种免费的茶水叫“义茶”，可见当地民风淳朴友善。

古树葱郁

接官亭：所谓“接官”，带有向往科举功名的意思。亭中有对联曰“名师留奇迹，怪匠逗行人”。因位于岩头丽水街南端荷花池畔，又名花亭。接官亭始建于明嘉靖三十五年（公元1556年）。亭子内四柱，外四柱。顶部平面为方形重檐攒顶，五层斗拱叠成八角藻井，隐喻五行八卦。重檐屋面八条脊背，分别立有“张果老骑白驴”塑像，脊端雕塑“刘

古村池塘

海献钱”图案，结构严密，外观朴实。

丽水古桥：又名“永庆桥”，位于乘风亭前，是一座跨越丽水湖的石桥，故又名丽水桥。建于明嘉靖三十七年（公元1558年），此桥虽经几百多年的风雨沧桑，至今仍坚固如初。丽水桥是三孔拱券式石板桥，由48根条石构成，暗含地属“四十八都”。桥的两侧石条上分别刻有“丽水桥”“明嘉靖戊午仲秋吉旦建”等字，古朴美观，并与自然融为一体。

地址：永嘉县楠溪江中游西畔

交通线路：

1. 自驾：诸永高速枫林出口下右转—到转盘直走过楠溪江二桥右拐50米靠左边走金楠路—丽水街

2. 公交：瓯北码头汽车站（公交车）—岩头镇—丽水街

联系方式：0577-67151232

门票：15元

住宿：楠园、溪楠草堂、大屋小栈

第四章
自助旅游营地驿站

自助旅游营地驿站是指在自驾游线路上，依托旅游交通干线和风景优美之地，或在旅游景区附近开设的，有一定场地和设施条件的，可为自驾游爱好者提供自助或半自助服务的，具有特定主题复合功能的旅游场所。温州自开展打造“自驾旅游名城”活动以来，一大批各具特色、接待设施良好的自助旅游营地驿站相继涌现，这些具有个性的营地驿站为广大游客提供了各类自助或半自助服务。

鹿城驿头自助旅游营地驿站

程让平祖居

村口牌坊

驿头自助旅游营地驿站位于山福镇驿头社区，温州市绿道3号线，且紧邻驿头农家乐，可以为游客提供餐饮、临时休息、旅游咨询等服务。

驿头，是一个有着上千年文化的古村落。江山环绕，风景独奇，气候宜人。明内阁首辅张璁作序云："因极驿山泉石之胜，常驾舟相访。"耕读传家，传承儒家的文化经典，把驿头用溪流分隔成太极图形，以宅祠设二仪，以山形置四象，所谓"太极已立，二仪生焉；四象即置，人丁兴旺"。此后，程氏家族人丁兴旺，至明朝时，程氏家族已成为西溪望族。现村有四千人居住，95%是程氏后裔。

驿头人杰地灵，代生伟人。自宋以来，涌现出众多的历史人物，如宋朝的陈畏、程大中、陈居，特别是明朝成化十九年（公元1483年），程韬、程奕兄弟为国捐谷的尚义事迹，名闻朝野。又嘉靖年间（公元1522—1566年）程氏家族与张氏（张阁老，即张璁）家族的联姻，在民间流传为佳话。第五十九届联合国大会主席、加蓬外交部长程让平，是驿头程氏的第二十七世孙，父祖辈均为驿头人。他常思念故乡，曾四次携妻儿访问故里。在这种文化背景下，也流传下众多的人文故事，并遗留下大批的历史古迹，如白沙驿、

驿头古居

驿头远景

尚义旌门、程奕别墅、程奕墓、义官桥、古驿道、留云亭、放鹤楼、烽火台、驿头埭等，不胜枚举。

驿头驿站于2015年1月正式挂牌启用，系温州首批十大自助旅游营地驿站达标单位之一。驿站景观环境优美，占地2亩，建筑面积160平方米，首期投资20万元，拥有30多个停车位的停车场，可以提供10桌左右的餐饮服务和周边游玩线路信息的咨询。2015年接待人数2.3万人，年营业收入100万元。

驿头驿站周边拥有多个省、市级文保单位，如程让平祖居、程氏古民居、圣旨碑、程奕墓、义官桥等，是鹿城难得的集人文、村居风光于一体的综合性乡村旅游新热点。游客到此可观赏到8条风格各异的小堰坝，一条秀丽的生态水廊。

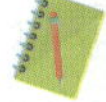
旅游攻略

地址：鹿城区山福镇驿头社区

交通线路：

1. 温州—金丽温高速—桥头出口—瓯江五桥—330国道—驿头
2. 温州市区—330国道—驿头

联系方式：0577-86455561、15957713637

瓯海娄桥白云山自助旅游营地驿站

白云山农业观光园区位于瓯海区娄桥街道白云山北坡400米处，第一期总面积1270亩，投资一亿多元。农观园及其周边植被茂盛，有植物种类1000余种，森林覆盖率达95%以上，是天然的植物园和森林氧吧，其内山涧密布，流水清澈，绿丛中白色瀑布飞流直下，风光甚是秀丽，是登山探险的好去处。周边人文景观颇多，建于晋代的无量寺、白云寺是温州的著名寺庙，邻近的红十三军烈士纪念碑亭是红色教育基地。园区分别设有如下旅游休闲区域：

动植物园区：让游客在观赏孔雀、马、羊、猕猴、火鸡和黑羽乌鸡等动物时又能认识绿色农产品，增加了观赏性和趣味性。这里最具特色的是利用广阔的林地资源进行林下生态放生放养的特色黑羽乌鸡。

驿站外景

别墅

瓜果蔬菜种植区：开辟小菜园、小果园、小茶园和桂花园等“园中园”景观，种植黄花菜、苦菜等多种特色蔬菜；瓜果和桑枣、枇杷、柑橘等不同季节的小水果，游客可采摘，也可体验农家田园种植，品尝自己的劳动成果。

户外垂钓区：这里有农耕时期最重要的灌溉工具——水车。相信很多在城市里长大的80后、90后都没听说过，更别说踩过水车了。

儿童游乐园：是亲子游中必不可少的设施。这里有滑梯、淘气堡、跷跷板、攀岩等。乐园内还有小朋友最喜欢的小火车。

泳池区：温州三大主城区建有山泉水

的游泳池真的不多。在炎热的夏日，这里一片清凉，人们可在露天游泳池的碧水中尽情游嬉，可在荫凉的茶廊内品茗，在绿丛中的秋千上荡漾。

漂亮的泳池

别墅区：18 幢客住小别墅掩映在森林之中，让你身处温州闹市之侧，就能享受到人处山中犹入世外仙境之眼福。

建在山庄的驿站可同时容纳 800 人用餐，有棋牌室、长廊茶亭，草坪广场可同时容纳 100 顶帐篷，垂钓、儿童游乐场、游泳池、网球场、便利店、农家乐、停车场等设施齐全，可为自驾车游客和中小型会议提供水、电、通信、电视、互联网、微信服务等配套服务。

温馨的客房

旅游攻略

地址：瓯海区娄桥街道白云山北坡

交通线路：

1. 市区—温州大道—梧田大道—瓯海大道—慈湖大街—上山公路—白云山

2. 市区—新桥—娄桥—东耕村山脚—索道（或山间小径）—白云山

联系方式：0577-86299999

门票：成人 20 元 / 人、儿童 10 元 / 人

龙湾莲情文化园自助旅游营地驿站

莲情门庭

从名称中可看出这个自助旅游驿站的特色就是莲花，园内一望无际出淤泥而不染的蓝色香水莲花，颇有神韵。驿站为浙南地区最大的水生花卉种植基地，因此被游客命名为“莲情谷”。

莲情文化园，位于温州龙湾区永中街道天柱寺景区山脚下，总占地面积约为208亩，三面环山，园内有几十种世界闻名、缤纷馥郁的莲花，其中最吸人眼球的亚马逊王莲，它的叶子可生长至直径2.5米，更神奇的是它可以承重80斤的重量，来游玩的小朋友都迫不及待地想坐上去拍照留念。

园区内除水生花卉种植区外，还有花苗培植区、鲜花休闲采摘区、新品种培育区、核心示范区，以及农家自选商场、莲情文化馆、鲜花工艺制作包装、鲜花深加工区等。种植水生花卉示范区年产鲜花约300万枝，繁殖水生花苗约60万株，盆景制作约5万盆。

亚马逊玉莲

莲情文化园的创办，除美化人们的生活环境、提高人们的生活品质外，也解决了当地80人就业，推动了天柱寺景区的旅游观光事业发展。同时，可以利用水生花卉的生物对河道污水进行有效的调节，极大程度上净化了水质，美化了河塘。

莲园码头

莲情文化园内除了赏花买花，还可以体验亲子垂钓、画画写生、拔河比赛、亲手乐趣农家烧、品莲花茶（莲花泡茶茶色金黄，茶味清香，有降血糖、降血脂、抗氧化、助睡眠、增免疫等功能）等。为了丰富游客的活动项目，园区还打造了诸多水上娱乐项目。水上秋千：让游客在花海中随风摇曳，闻着阵阵淡淡的香水莲花香。抽板过河：迈着轻快的脚步走在浮板上，犹如蜻蜓点水之感。手拉橡皮船：坐在船上晃晃荡荡，手拉麻绳轻松上岸。爬网格：脚踩竹子，手抓网绳穿行在网格上，其乐无穷。水上走钢丝：两手抓钢丝绳，脚踩钢丝绳，看看脚下那淡雅而清高的莲花，有惊无险到达终点。所有参与水上智勇大闯关者并闯关成功者均可获得鲜花奖励。

旅游攻略

地址：龙湾区永中街道天柱寺景区山脚下

交通线路：

1. 温州方向：往瓯海大道建中街出口下，第一个红绿灯往右进入建中街一直到底，再往右约 300 米到达目的地

2. 瑞安方向：往永强大道到天柱寺站头往左进入，沿天柱路约 1 千米到达目的地

联系方式：0577-86656199、13989785617

洞头鹿西乡山坪村自助露营基地

山坪村露营平台位于洞头区鹿西乡山坪村，整体占地3958平方米，是东南沿海已知的面积最大的架空防腐木平台。平台距离鹿西码头约1千米，交通便捷，并且位于鹿西乡主干道旁。平台所在的山坪村，是海岛山区一个较为平坦的行政村，既是山，又是坪，故而得名。村庄生态环境保护良好，自然景观十分优美。

该平台集拓展、露营、烧烤、篝火、晚会等功能于一体，一期工程于2015年5月建成并投入使用。整个平台共分三层，一层为架空层，设有游客接待中心、淋浴房、卫生间等，二期工程还将在面海区建成20间临崖海景精品民宿。二层为主体平台，布置有休闲区、烧烤区和露营区，面积近3000多平方米，可一次性容纳800人进驻。三层为观景眺台，主要为露营区和舞台区。

站在平台上，极目远眺，鹿西岛南岸线无限风光尽收眼底，东可及南北爿山即省级鸟岛保护区，西可观鲳鱼礁帽儿山等，风景优美，环境宜人。通过规划设计，这里已建成包括餐厅、平台休闲区、自助烧烤区、自主露营区、篝火舞台等多个区域，集休闲、餐饮、美食、娱乐为一体。平台最大限度地保留了山体原有花草树木，并在游步道两侧种植了桃树、桂花、蔷薇等苗木。并配以辅助的游乐设施、游步道等基础配套设施，让“背包族”旅行的游客不仅可在此体验当地优美风景，并且给游客提供了各类美食、休闲、娱

露营平台步道

乐、户外活动多种体验。

露营平台多功能区

山坪村自助露营基地位于山坪主峰顶部，环境优美，花海陪衬，且从入口至平台仅需 5 分钟步行路程，让来此游玩的游客在欣赏 360 度无遮挡东海海岛美景的同时，体验完善的配套设施和近在咫尺的海岛渔村——山坪村带来的原始建筑风貌盛宴。

清晨，您可揽东海升起的第一缕阳光；夜晚，您可与月神来一场近距离的完美邂逅。据不完全统计，2016 年 5 月开放使用以来，露营平台已累计接待游客近 3 万人次，平台已成为本地居民和外来游客揽胜好去处。

旅游攻略

地址：洞头区鹿西乡山坪村

交通线路：客船航班：元觉 6：00—鹿西 6：30、元觉 8：00—大门 8：20—鹿西、元觉 12：00—大门 12：20—鹿西、元觉 16：00—鹿西

联系方式：0577-63416060、13858726980

永嘉楠溪江坦下游客中心驿站

楠溪江坦下游客中心位于永嘉县沙头镇，地理位置优越。集旅游咨询、服务、休闲于一体，承担着楠溪江的旅游咨询、团队结算、推介线路、提供资料、导游服务、食宿预订、文化展览、车辆停放等多项功能，是楠溪江风景旅游管理局的一级游客服务中心，也是一个全方位、多功能的旅游服务中心。

楠溪江坦下游客中心其实也是一个自助旅游营地，紧挨着的五星潭景区是省级森林公园，是大若岩中心景区的重要组成部分，面积近6000亩，森林覆盖率98.3%。公园内林木繁茂，植被景观类型多样、种类丰富；瀑布水潭众多，共有大小瀑布20多个，水潭30多个，类型多样；五星潭更是地质年代古老，地貌类型丰富，山势陡峭，切割剧烈，多崖壁，雄伟多姿。

游客服务中心设施设备齐全，配备了监控室、医疗救助点、休息室、办公大厅、LED广场、停车场，无偿向旅游者提供景区、线路、交通、气象、住宿、安全、医疗急救等必要信息和咨询服务。中心大厅设置有全新景区全景图、双屏电脑、自动查询电脑、旅游信息机等服务设施，开通了浙江省旅

驿站前台

驿站内景

游咨询服务热线 12301。中心还应游客所需新增设了便民服务点，免费提供药品、热水、手机自助充电，建立了无障碍设施，配置了轮椅与儿童车。统一规范服务人员着装，强化服务技能培训，完善导游、邮政、电信、购物等服务功能。

2004 年游客中心被浙江省旅游咨询服务中心评为省四星级旅游服务咨询中心，2012 年 10 月被评为永嘉县文明示范点，2014 年 2 月入选首批星级旅游咨询中心。

随着旅游规划设计的不断深入，游客中心所承担的功能也不断深化和延展，楠溪江风景旅游区管委会以创 5A 级景区的高标准配备游客服务中心，以满足游客对旅游服务质量不断提升的要求。

旅游攻略

地址：永嘉县沙头镇岭下村

交通线路：诸永高速花坦下—九丈大桥—大楠溪、小楠溪分岔口处—楠溪江坦下游客中心驿站

联系方式：4008269978

住宿：耕读小院、悦庭楠舍

乐清梅溪生态旅游营地驿站

驿站入口

梅溪生态旅游营地驿站创建于2010年，位于“全国环境优美乡”“中国生态示范乡”四都梅溪牛塘山脚，交通便利，距离乐清市区约22千米，距离乐清绅坊动车站约5千米，站内面积240余亩，可容纳1000名游客吃、喝、游、玩一条龙服务。

梅溪美景

近年来，营地着力打造“原汁原味”的风格，主打户外拓展、餐饮、农耕体验、亲子互动、开心农场等特色服务，给游客以回归自然的感觉。营地驿站四面环山，境内山脉蜿蜒环绕，山水形胜。一年四季鸟语花香，碧野如茵，绿树烟村，鸡犬相闻，白鹭嬉戏，恍如桃花源。

梅溪生态旅游营地驿站所在地人文景观资源丰富，南宋开科状元、政治家、爱国诗人王十朋就诞生在这里，浙江省重点文物保护单位——王十朋墓离农场不足千米。境内梅溪、杨溪两大溪流贯穿乡境平原，依然保持着“天常蓝，地常绿，水常清，人常乐”的田园风光。山水环绕的四都梅溪古风遗韵犹存，民风天真淳朴，逢年过节，更有舞龙灯、打大猫、泥鳅龙、板凳龙之俗。

驿站长廊

梅溪生态旅游驿站是一家集农业科普、休闲观光、健身娱乐、餐饮住宿为一体的生态农场，与生态农业种养殖区景点相互辉映，达到人与环境和谐统一。驿站内主要营业设施有餐饮区、户外拓展区、垂钓区、亲子活动区等，除以上特色项目外，农场还提供浑水摸鱼、山间捉鸡、急速运粮、齐心协力、帐篷露营、捣麻糍、磨制面粉、篝火晚会等项目，让您远离城市喧嚣，尽情享受和体验宁静自在的农家乡村生活和农耕文化，这里是温州二号绿道驿站总站，也是淡溪镇农家休闲旅游的一张名片。

据了解，营地驿站年接待游客量在 1.3 万 ~2 万人次，以周末带着家人或约三五好友自驾游的游客为主。

旅游攻略

地址：乐清市淡溪镇梅溪村

交通线路：乐清市区沿宁康东路—绅坊动车站—双尖凤隧道—淡溪四都梅溪村—梅溪生态农场

联系方式：0577-61391000

瑞安市仙溪自助旅游营地驿站

瑞安市仙溪自助旅游营地驿站位于瑞安市湖岭镇的西北部，在浙南第一峰巾子山脚下，依托于巾仙溪农家乐和巾仙溪峡谷乐园，具有独特“康乐型”气候环境和得天独厚的自然风光，是夏日避暑、冬日疗养之胜地。

巾仙溪农家乐是省五星级农家乐经营点，占地面积650亩，有阁楼、廊亭、仿古城楼等建筑。你可以在竹楼长亭上纳凉谈天，看看古朴的村居，闻闻山间野花香，喝喝天然泉水泡的绿茶；也可以选择在竹筏上用餐，让竹筏随着碧波浮动，在享受美食的同时，也能一饱这山水风光。巾仙溪农家乐现有客房40多间，会议室、舞厅等一应俱全，可容纳1000多人同时就餐，是运动、休闲、旅游、会务的好去处。

巾仙溪峡谷乐园由温州山地户外运动有限公司联手巾仙溪旅游开发有限公司（浙江省五星级农家乐酒店）投资重建，并由户外运动公司直营，是一家创新模式的综合性户外旅游景区。这里户外休闲项目种类齐全、内容丰富，主要经营项目有峡谷漂流、峡谷拓展、高空溜索、超级卡丁车、森林骑马、摩艇冲浪、溪滩铁板烧烤、真人CS野战、气炮射击、动力伞飞行、户外篝火、露营、速降、探险、水果采摘等。峡谷拓展汇集20多个经典项目，全程2千米峡谷，水陆空一体化，是浙江地区最全最具挑战

驿站外景

住宿

游船

漂流

性的拓展景区。巾仙溪漂流里程约 2.5 千米（约 40~50 分钟），整体水流较平缓，全程有 4~5 个 3 米的落差点，适合亲子活动。夏日炎炎，在遇到落差处时，从高处向下依然会溅湿全身，溪水一下子漫进来，一阵清凉之意浑然而生。

旅游攻略

地址：瑞安市湖岭镇永安社区直干村

交通线路：甬台温高速瑞安市区出口—瑞枫公路—永安社区直干村—巾仙溪自助旅游营地驿站

联系方式：0577-65487777、65011837

门票：巾仙溪峡谷主园区日常入园免费（项目另收费）

住宿：巾仙溪农家乐

苍南韭菜园滨海绿道自驾旅游营地驿站

韭菜园

看日出

苍南韭菜园自驾旅游营地驿站位于苍南县赤溪镇、温州2号交通绿道沿线，与赤溪镇建成区相距10千米，交通十分便利。南临渔寮大沙滩，西接信智美食渔村，东濒五彩奇石老君岛，是苍南黄金海岸线上的一个重点工程项目和温州市首批环境优美、风光旖旎的乡村旅游露营地。

韭菜园村这个名字很有意思，原以为这是一个专门种韭菜的村子，村里却根本没有韭菜田，其实村子的名字来源于一个古老的传说。

营地占地面积115公顷，建有120个免费停车位，设有五大功能区：住宿区、餐饮区、休闲区、服务区和办公区。在这里，你可以尽享食住行游购娱的全套旅游乐趣。韭菜园营地，不仅提供民宿客房，更有阶梯式露营草坪、木平台露营地，能够容纳400顶帐篷同时在此搭帐露宿。为了给游客提供一个方便舒适的休憩露营环境，营地还设置了室外洗漱区、淋浴房、小卖部、帐篷出租点等必要设施。美食小天地，为游客准备了具有乡村特色的美味佳肴。

韭菜园驿站是最佳的观海点，五彩奇石老君岛与韭菜园营地隔海相望，站在观海平台上，这里是观赏老君岛的最佳地点。从营地的码头出发，或乘快艇或乘渔船，就能登上色彩斑斓的老君岛，欣赏由红、白、黄、绿、蓝、紫诸色块和色纹组成富有神韵的天然岩画。逐海浪、赏奇石、探石洞、捡贝壳、吃海鲜，老君岛能给你带来意想不到的收获。如果你想体验捕鱼的快感，可向当地渔民租一条小船出海，打捞上来的海鲜晚上可以烧烤。露营分平台露营和阶梯式露营（位置关系），睡不习惯帐篷的朋友也可选择睡旅社，房间干净整洁，独立卫生间、空调、热水器样样齐全等。

闲暇之余，在木屋茶室饮一杯香醇的清茶，迎着海风，听着潮水，享受这一刻的恬淡闲适。海洋科普馆、妈祖文化中心，让游客能更加了解关于海洋的蓝色文化。花果观光采摘园、古树秋千、儿童乐园，有小朋友的家庭可以感受这些亲子互动的其乐融融。

旅游攻略

地址：苍南县赤溪镇韭菜园村

交通线路：

1. 自驾：经 G15 高速，观美出口，直行往渔寮方向开，在雾城路口左转，看到一个六角亭即到景区，路边有韭菜园露营基地指示牌

2. 公交：灵溪汽车站，乘坐至赤溪的巴士，在韭菜园村下

联系方式：0577-64533330、13567701288

住宿：帐篷露营，有烧烤架（30 元 / 副）、帐篷（30/ 顶）、毛毯（10 元 / 件）出租

平阳开心农场自助旅游营地驿站

平阳开心农场

开心农场曾经是网络上风靡一时的互动游戏，平阳开心农场自助旅游营地驿站正是脱胎于此，游客亲手参与采摘蔬菜瓜果、生火做饭，体验农耕辛劳，体会劳动乐趣，现实版的开心农场显然更吸引眼球。

开心农场自助旅游营地驿站位于平阳县南雁镇笠湖村，与国家4A级景区南雁荡山仅仅一山之隔。从2011年开始投入，2015年年初正式迎客，这股“开心农场”旋风在温州境内造成不小的反响，同时接连获得殊荣。

开心农场自助旅游营地驿站规划总占地面积1886亩，投资3.2亿元，计划建设“四个园区一中心”，即种植业园区、户外拓展园区、休闲观光园区、农事体验园区和综合服务中心，其中户外拓展园区占地51亩，包括滑绳、滑沙、水滑、晃桥、CS野战基地、卡丁车乐园，森林探险，烧烤、野炊、露营基地，并拥有可一次性容纳500人同时就餐的生态餐厅，15栋度假木屋，民宿占地1200平方米，建设面积2400平方米。

目前，开心农场自助旅游营地驿站已基本完成“四个园区一中心”建设，年接待7.2万人，年营业额达800多万元。借助乡情浓郁的田园气息，服务纷至沓来的八方游客，让他们在乡间田头自由观赏、品尝、购物、游玩，尽情享受舒适休闲的环境和惬意风景。用驿站投资者、首届温商回归功勋人物卢孔欧的话说就是：在快节奏的工作生活之余，选择到一个环境优美，集美食、采摘、赏新为一体的目的地，放松身体，这是现代都市人向往的一种时尚健

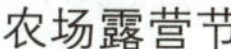

农场露营节

油菜花飘香

康的生活方式。

打造高效精品农业，发展都市休闲农业，提高农产品附加值，农村才会有出路。近年来，开心农场自助旅游营地驿站按照这一思路，因地制宜，将传统农业转型升级，全力发展能观光、有特色的都市休闲农业观光园，让“绿色”的农业景观，“抢手”的特色项目，成为众多游客心中的亮眼风景。

旅游攻略

地址：平阳县南雁镇笠湖村

交通线路：

1. 从灵溪出发，沿 104 国道经岱口走 57 省道到水头镇，经过水头镇后往南雁方向行驶，经过南雁东西洞景区停车场后约 100 米左拐进入南雁荡山大桥，按指示牌往山上行驶可到开心农场，全程约 37 千米

2. 从灵溪出发，沿 104 国道经蒲亭到闹村乡，经过闹村乡后往南雁方向行驶，经过南雁东西洞景区停车场后约 100 米左拐进入南雁荡山大桥，按指示牌往山上行驶可到开心农场，全程约 25 千米

联系方式：0577-63831999、13806619758

泰顺白鹤山庄驿站

泰顺白鹤山庄驿站创建于2001年，位于国家级风景名胜区景区飞云湖龙头位置。白鹤山庄驿站由当地农民企业家张仰瑞投资建于2001年，是集旅游、餐饮、住宿、娱乐、会务服务于一体的旅游休闲胜地。

湖光山色

白鹤山庄坐落在南漳水镜湖风景区内，山清水秀，环境宜人，占地面积1700平方米，距县城20千米，是度假休闲的天然氧吧。

最长人行悬索桥

山庄建设规划以优越的自然人文景观为基石，兼顾当今休闲观光新时尚，前瞻世界环保旅游新潮流，突出生态特色、民族特色、地方特色。通向山庄有世界第一长的人行悬索桥，横跨长358米，高48米。这里有浙南刺激的漂流、十里画廊竹筏观光、音乐篝火烧烤全羊、飞云湖野生鱼垂钓乐园、水上乐园等项目。山庄建有综合楼、迎宾楼、别墅、民族厅、餐厅、廊桥商坊、龙门、金钟阁、飞云轩、花园、鱼池、停车场、码头、仿古廊桥等。山庄集野营、度假、休闲、娱乐、会议为一体，站内配有旅游咨询服务区，有专人接待服务，有可容纳60辆车的停车场，适合周末带着家人或约三五好友自驾来此烧烤露营休闲度假。

旅游攻略

地址：泰顺县司前镇白鹤渡溪口村白鹤山庄

交通线路：

1. 杭州—泰顺（下车到白鹤山庄）自驾车走金丽温高速到丽水后转云寿线行程5小时

2. 罗阳镇汽车东站，距景区20千米，乘坐公交车7元

3. 司前大酒店，距景区3千米，镇上乘坐小三轮车10元

4. 温州客运中心，距景区140千米，票价52元到汽车北站，下车后到路对面等司前车前往

联系方式：0577-67612888

门票：50元

乐清西门岛乐园自驾游驿站

滩涂寻珍

西门岛乐园是一家集餐饮、养殖、休闲与生态教育多种功能为一体的自驾游驿站。它以重现乐清湾西门岛传统渔业养殖与滩涂作业方式为主，旨在让游客直接参与，感受西门岛上独有的滩涂文化。

驿站创建于 2013 年，位于乐清湾滩涂湿地（西门岛海洋特别保护区)内，濒临世界地质公园、国家 5A 级雁荡山风景名胜区，距离乐清市区约半小时路程，距离温州市约一小时路程。乐园坐拥 150 余亩，是一个集吃、喝、玩、乐为一体的休闲渔业生态示范园区。

驿站面临大海，背靠青山，闲看白鹭嬉戏，静听潮起潮落，远观云卷云舒，水天一色，恍如世外桃源。驿站所在地海洋资源丰富，被国际鸟类保护联盟列为重要鸟区，拥有世界级濒危鸟类黑嘴鸥、黑脸琵鹭，国家二级保护动物黄嘴白鹭、斑嘴鹈鹕以及大量湿地水鸟。西门岛的红树林区，是目前全国最北端的一片红树林，也是浙江省唯一的海岛红树林种植区。

驿站主要分水上垂钓游乐区、滩涂滑泥体验区和养殖区。水上垂钓游乐区现有面积 30 亩，改造原有的养殖塘，在养殖塘内分别投放鱼、虾、青蟹等海产品。游客可在养殖塘内进行垂钓、撒网捕鱼等活动。同时在养殖塘内配备皮划艇等水上游乐设施，供游客在塘内划艇等活动。滩涂滑泥区的面积共有 30 亩，主要将原有的养殖塘改造成滩涂养殖模式，恢复成滩涂养殖原始作业，游客在该区内利用踩泥船等传统滩涂运输工具，开展滩涂捉蟹、拾蚶、捡泥螺等活动。还可浑水摸鱼，即在一定水域内对自然散养的鱼虾利用网缯等传统渔具进行集中捕捞，滑泥区还设汽模等儿童拓展体验活动设施。

西门岛捉小海鲜

驿站配套设施齐全，营区有水泥泊车位 50 个，帐篷区、公共卫生间、淋浴间、更衣室一应俱全，分类垃圾桶，危险区域警示牌等设置到位。专设的游客服务中心实施专人值班，能够提供旅游信息、咨询、通信、救援、安全等各类所需服务。营区内还有整洁、通畅的观光通道，专门的野餐和烧烤场地。重要的是，营区内建有宾馆饭店，离加油站、银行、医院仅 10 千米路程，离汽车修理厂也只有 12 千米，能及时处理交通事故，实施拖车救援和现场抢修。

旅游攻略

地址：乐清市雁荡镇西门岛村

交通线路：

1. 自驾：温州市区上高速—乐清雁荡山高速出口—沿雁荡山景区方向—狮子山隧道—白溪街—泽前牌坊底下过—西门岛、跳头方向路牌—跳头村—沙门大桥——直向前开—雁荡山西门岛海岛寄宿小学前（全程约一个半小时）

2. 公交：温州市区新城站—乐清雁荡山客运班车—雁荡山站下车—坐三轮车到白溪车站—坐西门岛中巴车

联系方式：0577-62179828

门票：散客价 50 元、团队价 25 元

第五章
省级生态旅游（示范）区

省级生态旅游（示范）区是以独特的自然生态、自然景观和与之共生的人文生态为依托，以促进旅游者对自然、生态的理解，提高对生态环境与社区发展的责任感，形成可持续发展的旅游区域。目前，我国生态旅游区分山地型、森林型、草原型、湿地型、海洋型、沙漠戈壁型、人文生态型七大类。浙江省自开展省级生态旅游（示范）区建设以来，对旅游环境的改变、旅游品质的提升发挥着重要的推动作用，温州生态旅游示范区建设全面加快推进中。

雁荡山国家森林公园

雁荡山，因山顶有湖，芦苇茂密，结草为荡，南归秋雁多宿于此，故名雁荡。雁荡山位于中国浙江省乐清市境内，部分位于永嘉县及温岭市。始于南北朝，兴于唐，盛于宋，素有“寰中绝胜”“海上名山”之誉，号称“中国东南第一山”，2005 年被评为世界地质公园。总面积 450 平方千米，500 多个景点分布于 8 个景区，其中灵峰、灵岩、大龙湫三个景区被称为“雁荡三绝”。

奇峰怪石、飞瀑流泉、古洞畸穴、雄嶂胜门、凝翠碧潭，自古以来雁荡山便吸引着无数文人墨客纷至沓来，谢灵运、沈括、徐霞客、张大千、郭沫若等都曾为它留下墨宝。宋代，雁荡山的发展达到鼎盛时期，共建有十八寺、十院、十六亭，留下了丰富的人文景观。如今拥有独特风景的雁荡山也成了各大热门影视剧的拍摄地，比如电视剧《神雕侠侣》《琅琊榜》，电影《仙剑奇侠传》等。

徐霞客和《游雁荡山日记》

雁荡山

雁荡山的出名主要是因为徐霞客的游记，明代著名地理学家徐霞客曾三次游历雁荡山，初游匆匆，二游不详，三游探源——日记反映各次行踪，前后写下了两篇《游雁荡山日记》，徐霞客掷笔叹曰：“欲穷雁荡之胜，非飞仙不能。”

徐霞客，著名的地理学

家、旅行家，今江苏江阴市人，经30年徒步考察撰写了60万字的《徐霞客游记》，被称为“千古奇人”。其一生志在四方，不避风雨虎狼，与长风云雾为伴，以野果充饥、清泉解渴。足迹遍历北京、河北、山东、河南、江苏、浙江、福建、山西、江西、湖南、广西、云南、贵州等16省，所到之处，探幽寻秘，并记有游记，记录观察到的各种现象、人文、地理、动植物等状况。

到雁荡山必看雁荡三绝

灵峰——日景耐看，夜景更销魂。灵峰为雁荡山的东大门景区，总面积约46平方千米。景区内层峦叠嶂，奇峰环绕，千形万状，美不胜收。举世闻名的雁荡“夫妻峰”（合掌峰）就伫立于此。

灵峰夜景

游灵峰一定要看夜景，这才是雁荡山的精灵所在。这些白天里的奇峰怪石在夜晚月光和夜色的映衬下，犹如涂上了神秘而温馨的色彩，构成了一幅幅线条鲜明的泼墨画，勾画出一张张美丽的剪影，使灵峰夜景更具形象美、意境美。过去，灵峰景区的夜景，被人们反复地比拟和想象，渐渐变得丰富而美丽。再加以今天人们思想观念的变化，给予新的创造和发挥，灵峰夜景更加神秘而神奇了。

灵岩——惟妙惟肖的高空飞渡表演。灵岩，是一座高数百尺、长约百丈的巨岩。岩底有伏羲洞、风洞、灵岩洞3个并列的岩洞，沿岩洞穿进灵岩深处，抬头仰望，可见天光一线从岩顶泻下，宛如碧虹跨空。裂罅将巨岩一分为二，如巨斧劈开，狭不盈尺，为山中一大奇观。

如果说灵峰使人情思飞动，灵岩则使人心境沉静。改版后的“飞渡”不

灵岩飞渡

再是精彩的“哑剧”，采用当地乐清民歌《对鸟》及《雁荡谣》等乐曲的播放，配合主持人的解说，详细介绍了飞渡的历史。另外，飞渡人员与游客之间增加了一个互动项目，飞渡人员在270米的高空抛下绣球，如果哪位游客接到绣球，可以亲身体验飞渡的感觉。

大龙湫

大龙湫——天下第一瀑。大龙湫瀑布为浙江省雁荡山胜景。它与贵州黄果树瀑布、黄河壶口瀑布、黑龙江吊水楼瀑布并称中国四大瀑布。大龙湫像一条发怒的银龙，从半空中猛扑下来，声如雷鸣，震天撼地，气势雄壮。大龙湫是整个雁荡山景区人文景观最多的景点，在它的崖壁上，有“天下第一瀑”等摩崖石刻二十多处，与奇绝的自然景观相得益彰。南宋楼钥有诗云：“北上太行东禹穴，雁荡山中最奇绝。龙湫一派天下无，万众赞扬同一舌。”（《攻瑰集·大龙湫》）可见在宋代，大龙湫便已名扬四海。

《琅琊榜》里梅长苏蛰居养病的仙境

《琅琊榜》电视剧一度热播，红遍海内外，除去演员精湛的表演外，剧中宛如世外仙境的美景给观众留下深刻的印象。剧中风景最为秀丽也最为神秘的情报组织琅琊阁，其外景就取自温州雁荡山。

世上凡是听过琅琊阁之名的人，都知道它位于琅琊山顶，是一处美轮美奂的风雅庄园，园内亭台楼阁，秀女灵仆，园外一条宽阔的石板主路，蜿蜒而下，直通山脚的官道。《琅琊榜》胡歌饰演的主角梅长苏蛰居养病的地方，风光绝美，远离尘嚣。这仙境正是取景于雁荡山。

雁荡八大名菜

鸡末香鱼、蟠龙戏珠、雁荡石蛙、土豆野味煲、美丽黄鱼、蛤蜊豆腐汤、碧绿虾仁、清蒸海蟹是雁荡山传统的八大名菜。在品尝海鲜美味的同时，应注意身体，尤其是北方的游客，切不可暴食。到雁荡山，不得不品尝一下独特的传统风味小吃。雁荡风味小吃讲究色香味，只要观其色、闻其香，顿使胃口大开，著名的有香螺、番薯粉丝汤、雁荡烙饼、米粉丝面、茴香五味豆腐干、绿豆面等。

旅游攻略

地址：乐清市雁荡山雁山路 88 号

交通线路：雁荡山南距温州永强机场 80 千米，车程不到 2 小时；北距台州市黄岩机场 60 千米，车程不到 1 小时。甬台温高速铁路经过雁荡山。乘动车在雁荡山站下车，换乘汽车仅 10 多分钟就可以到达雁荡山旅游集散地响岭头。温州市内有多处至雁荡山响岭头旅游集散地的旅游汽车，雁荡山景区内的主要交通方式是景区公交车和出租车

联系方式：0577-62178888

门票：灵峰日景 50 元，灵峰夜景 50 元，灵岩景区 50 元，大龙湫景区 50 元，三折瀑景区 20 元，显胜门景区 15 元，羊角洞景区 20 元，雁湖景区 15 元，方洞 45 元，索道（上：25 元，下：20 元）

住宿：雁荡山朝阳山庄、雁荡山山庄、银苑饭店、银雁饭店、雁荡宾馆

网址：http：//www.wzyds.com

平阳南雁荡山景区

南雁荡山地处平阳县西南部，主体东起蒲潭垟，西至白云山，南始白岩山，北到双尖山，分为东西洞、顺溪、明王峰、碧海天城、赤岩山五大景区，海拔 1077.7 米，总面积 169.27 平方千米，属于国家级风景名胜区、国家 4A 级旅游景区，也是省级生态旅游示范区。

人文历史弥留山水间

南雁风光

山顶有泥塘沼泽，秋科时节有大雁栖息，且与北雁荡山遥望相对，故名南雁荡山。早在 1200 多年前中唐时期，南雁荡山就已经为世人所知。中唐著名诗人顾况在其名篇《仙游记》中记录了温州人李庭等入山砍柴，因迷路而来到世外桃源，约在瓯闽之间。据后人考证，此处便是南雁荡山。

真正被称为“南雁的开山祖”的是五代高僧愿齐，他在天台时听说平阳有个明王峰，峰顶有雁荡，于是决心探访，历尽艰辛终于找到，发现这正是“西域书所谓诺矩罗震旦雁荡龙湫者”，也就是佛经中所说的理想国。从此，愿齐结庐而住，又在吴越王钱俶的资助下普建道场，掀开了南雁开发史上的第一页。

到宋代，陈经正、陈经邦兄弟创办会文书院，文风大盛，张九成、王十朋、朱熹等名人都曾慕名来访，留下题咏，南雁荡山逐渐成为儒、释、道三教荟萃之地，文化底蕴尤为深厚，源远流长，引人注目。故而清末著名学者孙锵鸣盛誉“两雁（北雁荡山与南雁荡山）并灵区，百廿峰中无此坛席”。

从元明至清初漫长的岁月里，由于战患、迁界等多种原因，南雁荡山遭冷落。直至清末光绪年间，“南雁主人”陈少文带头重建会文书院，后又建成棣萼世辉楼，南雁荡山又开始复兴。

五大景区构建南雁荡

人云“北雁好峰，南雁好洞”，所谓好洞，仅以开发最早、景点最为集中的东西洞景区而言。其实从全景区总体分析，东西洞、顺溪、明王峰、碧海天城、赤岩山五大景区，以山得势、因水成景，溪流纵横、滩潭四布，以秀溪、幽洞、奇峰、景岩、石堑、银瀑六胜著称，在《南雁荡山志》中就记载了 67 峰、28 岩、21 洞、13 潭、8 瀑、9 石，被称为“浙南第一胜景”。

南雁荡景观胜在何处？东西洞景区是南雁荡山的精髓所在，全景呈现“双狮抢球”隔溪对峙的局面——东山如雄狮啸天，锐不可当，西山如雌狮蓄势，以逸待劳，溪边的仙甑岩（东洞）正如两者所争夺的绣球，玲珑剔透。而东洞顶端的唐代佛教观音洞、宋代儒教会文书院、道教仙姑洞三教会聚在 0.5 平方千米范围内，实属罕见。又有雄伟壮观的云关、移步换形的玉屏峰、三峰争奇的化龙崖、映日成虹的梅雨瀑等景点。东西洞景区自然景观与人文景观兼胜，寻幽览胜与

东西洞景区观音洞

休闲度假皆宜，绵绵诗情，融融画意，令人流连忘返。

顺溪景区百僧堂

顺溪景区是面积最大的景区，以雄峰秀溪、叠瀑碧潭、古寺幽洞、民居古建、畲乡风情著称，最负盛名的是建于清康熙至道光年间的古建筑群，素有“浙南清中晚期民居博物馆”美誉。

腾蛟赤岩山景区自然景观以潭、瀑取胜，数学大师苏步青故居、百岁棋王谢侠逊碑林、著名爱国诗人林景熙之墓等古迹深藏于山中。

顺溪景区知音洞

南雁荡山唐朝开山祖发祥之地的明王峰景区，拥有自然景观国家级森林公园、国家级红色旅游经典景区——浙南抗日根据地旧址。

碧海天城景区因原生态在五大景区中最具野趣，深受背包客、登山者的青睐。以湖山碧海、曲折幽深为特色，分布着王公湖、五十丈村、青隐庙等景点，而遐迩闻名的平阳粉干便是产自五十丈村，大概是吸纳了好山好水之灵气的缘故。

腾蛟赤岩山景区仰霁亭

腾蛟赤岩山景区赤岩晨辉

创建 5A 激发新活力

南雁荡山并不是一成不变的“美颜”，曾经有段时间，当地村民为了经济发展开始制作皮衣，洗涤、染色、变软……加工期间所产生的废水随着溪水，渗入土壤、溪流和岩层，渐渐地，南雁荡变得“颓废”，后来，情况竟严重到连水都无法饮用了。

碧海天城景区石狗山

长久以来，丰富的山水资源一直是南雁荡山旅游产业繁荣的基础，面对扭转直下的环境，当地政府意识到危急，纷纷出招一系列的沿溪河道清淤、垃圾清理措施，遏制污染的再次发生。

明王峰景区瞭望台

如今，南雁荡山不仅吸取了先前血的教育，时刻督促整治好景区环境，还以游客需求为导向，不靠山吃山，不故步自封，打造各种新型旅游服务产品，让旅游品质得到新的提升，开辟了一条属于南雁荡山的创新发展之路。

据《温州日报》报道，这块因缺少规划设计和整合开发而被遗落的旅游宝地，在未来 5 年，地方政府将投入 15 亿元创建国家 5A 级旅游景区，以东西洞景区、碧海天城景区、吴山风情小镇暨湿地公园三个核心景区为基础打造南雁特色旅游文化。同时延伸景区，建设以吴山驿站为起点，途经碧溪，直至堂基村的总长11千米的南雁绿道网工程，沿途以各村驿站进行串联，优化景区空间布置格局，改善景区外部交通环境，完善旅游功能配套，丰富景区游览内容，重点塑造南雁镇美丽乡村精品线，展现各村特色，实现村中有景、景中有村。

从吴山风情旅游小镇，打造平阳“小丽江”，到开辟南雁景区观光绿道，还原千年古村落民俗文化，再到首次将PPP模式应用到旅游业进行资本融合……南雁荡山景区4A升5A改造提升计划，已经启程，迈开步伐。

旅游攻略

地址：平阳县南雁镇

交通线路：G15沈海高速—104国道—230省道—泾川东路—江山东路—江山中路—江山西路—望雁路—望雁中路—望雁西路—灵溪线（目的地在左侧）

联系方式：0577-63838708

门票：40元/人

文成百丈漈景区

百丈漈风景区位于文成县境内，距文成县城 4 千米，是国家著名 4A 级景区，在 2013 年被上海大世界基尼斯总部认证为“中国单体落差最高的瀑布（常年流水）”，同时入选“中国十大名瀑”。

景区素有“浙南庐山”最佳避暑胜地之称，以避暑、瀑奇、湖美、洞怪、潭多、峰秀以及人文景观众多而著称。景区资源十分丰富，动植物种类齐全，自然风景独特。

百丈一漈天下绝

景区内有众多的奇峰和瀑布，形声迥异，各呈风姿，形成山水相触，独具魅力的自然景观。景区呈现一漈百丈高、二漈百丈深、三漈百丈宽的阶梯形瀑布群。雁荡以峰名，南田以瀑胜。百丈漈带着“中国单体落差最高的瀑布”盛装出席，不可谓不惊艳了世人的眼光。

一漈百丈高，深高 207 米，宽 30 余米，有“天下第一瀑”之美誉。临近头漈有一单拱石桥，名临漈桥。过桥有一亭，名观瀑亭，是座石砌重檐的六柱六角亭。百丈飞瀑三面绝壁擎天，嶙峋万仞，飞瀑上接碧空白云，宛若银河倒泄；俯瞰则见幽幽峡谷，如临深渊鬼域，惊心动魄。

世界旅游小姐在百丈漈

如若远眺飞流似蛟龙卷云入海，临亭仰视如玉城雪岭际天而来。瀑布从千仞绝壁上倾泻直下，声若雷震，似千军万马于金鼓齐鸣中冲锋。正如刘基《观瀑》诗所说:“六月不辞飞霜雪、三冬更有怒雷鸣。”激起的莹莹水珠,初瞧形似万箭齐发,惊奇之余,水珠铺面觉雨蒙蒙,如烟似雾。风回气旋,弥漫盘旋,在阳光的照射下,半空中架起一座七彩虹桥。

水流气势磅礴,声势雄伟,雄奇至极。观者无不惊心动魄、叹为观止。古人观渡,有“浪滚银河千壑外,被翻赤壁万山巅。夏日云散漫天雪,冬季雷轰入地泉”的诗句赞誉(刘基孙刘貂《重游百丈漈观瀑》)。

四周群山、峰林拔地而起,直插天际,有的如石塔、有的似展翅雄鹰、有的像水上风帆、有的像观音送子到天门。脚下松林参天、灌木密布。在曲径峻岭,小桥流水的衬托下,似一幅雄极壮丽的天工画图。

百丈深、百丈宽

二漈高 85 米,分上下二折,瀑流如带似帘,瀑布落下的水潭,深有百丈之说。瀑布后面的峭壁下,有一条高 2.7 米、深 8 米、长 50 余米的天然岩廊,如腰带一般缠在黑黑的峭壁上。岩廊两头放着许多雨伞供游人使用。廊中观瀑,瀑流如帘,飘飘洒洒,空中充满雨雾,犹如花果山水帘洞。

百丈漈瀑布

岩廊西侧,是一个宽敞的石坪,石坪中间有一口“龙井”。在石坪东侧观瀑,气势非常。《南田山志》载:“瀑流飞溅,其声如雷,旁有石室,故传为昔日吕洞宾炼丹于此。”飘洒的瀑流直落深潭,便是龙潭。龙潭方圆五亩。相传潭深百丈,直通东海。日上东山之时,常有龙女跃出水面,端坐金椅梳妆。潭前有一块长 10 米、高 5 米的大方石,就是龙女梳妆台。据说还有龙女牧童的故事:美貌的龙女与痴情的牧童相爱，专横的龙王棒打鸳鸯，牧童冤死，龙女被幽禁于龙宫，牧童之灵化为金鲤鱼与龙女相会云云。

漈旁有石似大圣，称大圣岩；有岩屹立如将军，威风凛凛，然而断臂，人称断臂将军。二漈环境优美，散布于林间的小木屋，便是二漈度假村，是休闲的胜地。

三漈在二漈之下，高 12 米，漈口宽达 80 余米，下有浅潭，面积达 2 亩左右。它东迎擎天石塔，南依茫茫林海，居中石滩、奇岩峙立，千姿百态。岩中有洞，洞边天际，鸟语花香，不时袭来，人在其间，幽幽蔚然。有民谣说“三漈百丈宽”，漈头岩坦广阔，岩石怪象万生。上有一高台，台上有石亭，六柱六角。亭内观景，其乐陶陶，便称“陶然亭”，为吴鸣皋先生捐建。

天顶湖赢西湖一点真

看尽了奇峰怪石、危瀑深潭、幽洞险滩，看尽了阳刚之美，上百丈漈头，又是一个天地，别有一番滋味。燕瘦环肥，一边是雄壮奇险，一边是婀娜秀丽；一面是伟丈夫，一面是娇女子。这一方天地，展现的是阴柔之美。有人留诗曰：“未识深闺女儿身，丽质憨态天生成。西湖胜你三分色，你赢西湖一点真。”

天顶湖，水域面积为 5.4 平方千米，6 千万立方米的蓄水量，镶嵌在海拔 638 米的南田山上，群山环抱之中。湖面犹如一面明镜，清澈纯净，仿佛西湖，却比西湖多了天然无雕琢的“真”。南田旧称九都，“九都九条岭，条条通天顶”，天顶湖由此得名。整个天顶湖，由三大湖组成，即外湖，东湖，西湖。湖上，俯瞰天顶湖形如一条飞龙，两脚分东西向北延伸。

湖心一个大岛，朱砂土，似一块未经雕琢的玛瑙，其余大小岛屿 10 余个，有的葱葱郁郁，有的灌耀重山，有的赤砂遍布，有的山花烂漫，有的高峰突兀，有的平坦如砥，湖光山色，相映成趣。湖串湖，湾套湾，湖湖湾湾水相似，湾湾湖湖景不同。山绕水，水环山，岛峦起伏，岔道交错，山重水复，峰回水转，烟波浩渺，林木茂盛，秀竹掩映。

清晨的天顶湖，霞光朦胧，云遮雾罩，空水共氤氲，只闻野鸭嘎嘎，不见野鸭踪影。阳光渗透渐淡的雾，如纱如缦，宛若灵秀的女子轻歌曼舞。天顶湖的黄昏，夕阳如血，湖水尽染，水天一色。

旅游攻略

地址：文成县百丈漈镇篁庄村

交通线路：

1. 上海出发：沪杭高速公路—杭州湾跨海大桥—宁波绕城高速—甬台温高速—瑞安—飞云出口下—56 省道—文成县

2. 杭州出发：杭甬高速—上三高速公路—甬台温高速—瑞安—飞云出口下—56 省道—文成县

联系方式：0577-67821503、67781380

门票：65 元 / 人

住宿：百丈漈镇阿杰生态农家乐、百丈漈吴峰旅馆

文成铜铃山国家森林公园

铜铃山国家森林公园位于浙江省文成县西部、岩门大峡谷上游的叶胜林场境内，长约5千米，面积2755公顷。为国家4A级景区，公园主要由铜山峡、小瑶池、铜铃寨、原始丛林、胜川桃溪五大景区组成。境内山峦叠翠，峡谷幽深，溪流潺潺，空气清新，以林茂、谷幽、穴奇、湖秀为胜，其中尤以铜铃峡中万年激流旋冲而形成的“壶穴奇观”最为著名。公园独特的自然山水风光和优越的生态环境，是人们回归自然、陶冶情操的理想旅游胜地。

“天然氧吧”铜铃山森林

浙江省向来以山水秀美闻名全国，其中尤以浙东与浙南的自然风光最为绮丽多姿。铜铃山便是浙南文成县一处风光独美又鲜为人知的风景名胜区。境内拥有上万亩的原始次生林，尚有保存完好的常绿阔叶原始次生林1000公顷，是浙南保存最好的原始阔叶林。

壶穴潭奇观

园内动植物资源丰富，植物类有207科、762属、2042种，其中列入国家保护的有银钟花、连香树、福建柏、天竺桂、花榈木、鹅掌楸等30多种；动物类有58科、119属、175种，其中有国家重点保护的珍稀动物短尾猴、黄腹角雉、娃娃鱼、猫头鹰、穿山甲等20多种。在郑坑源林区天然硬阔叶林遮天盖地，大的胸径在1~2米，并有碗口粗藤本植物缠绕于大树上，构成乔、灌、

铜铃山小九寨

铜铃山翡翠湖

藤、草自然结合的天然森林生态景观。观赏植物种类繁多，有观花类 31 种、观果类 20 种、观叶类 26 种、观树形类 18 种。

踏行原木栈道，置身满眼翠绿，林间空气中弥漫着树木散发出的清香，夹谷高山波澜起伏、绵延不绝，不知其源，亦不知所终。行走其中，阳光不燥，微风徐徐，空气清新，游峡谷之间，清凉透体，心旷神怡，尘念皆无。栈道忽上忽下，弯弯曲曲，听鸟啾虫鸣，赏斑斓树叶，颇有魅力，令人顿生一种别样的愉悦与惬意。

景区内山峦叠翠、峡谷幽深、修竹茂林、奇花异草，野生动物群多。四季景观明显，春季鸟语花香，夏季绿海幽深，秋季红叶送情，冬季银装素裹。林中水质洁净，溪瀑潺潺，花草芬芳，是理想的森林浴场。

林内森林覆盖率达 95%，天然无污染，空气清新，青草翠竹，绿树红花，富含负离子及多种植物杀菌素、萜烯芳植物，十分有益于人体健康，有健脑又健身的功效。

华夏一绝“壶穴奇观”

铜铃山的秀美归纳起来有两个方面：一是森林栈道魅力诱人；二是壶穴瀑布全国独有。“壶穴”景观名闻天下，国内罕见，堪称“绝景”。著名风景专家、北大教授谢凝高实地考察，叹道：“壶穴奇观，华夏一绝。”

壶穴瀑布位于铜铃峡中，是大自然鬼斧神工的杰作，没有任何人工雕琢的痕迹，由铜铃峡洪水急流经千万年旋转冲刷自然而成。

铜铃山龙马潭

铜铃峡谷呈S形连环而上，直插云天，两旁危崖，这就是山峡。在这条由高而低的S形的峡谷里，隐藏着十二个大小不等的圆形深潭，一个个宛如巨大石盆般的水潭，排列而下，有的坐落在谷涧，有的镶嵌于谷壁，有的像酒坛，有的似浅井，有的浑圆光溜，有的穴连穴。壶穴碧水深潭，形奇怪状，各有风姿，让人目不暇接，当地老百姓称之为“十二埕”。

那峡谷中，潭穴蓄水，水清如碧玉。这琼浆玉液般的瀑布由高而低，声如雷鸣，喧哗在两边挺拔险峻的崖缝之间，经上一个潭穴，流入下一个潭穴，奔腾冲泻，远远望去湍急的溪流犹如一条卷海升天的游龙，直朝山下冲来。瀑布如崩雪，壶穴如翡翠，雄伟又唯美。飞瀑流泉，瀑连瀑，潭叠潭，湍流雷轰，震心慑憾，两者一动一静，一唱一和，犹如激情澎湃的交响乐。

再看远山，峰峦嵯峨，怪石嶙峋，在一片片阔叶林的追捧中，自成一体。有云雾漫上来，但多在层峦之上，而且来来去去的很是匆忙，不会惊破一个幽梦。

再望远方，顺着木质撒着落叶的小道下到谷底，船夫撑船漂浮在一潭绿水上，两旁的青山，四周静谧，水面如镜，只有扁舟悠悠向前行，水流涟漪，为这幽静的画面添一笔点睛，让人疑在仙境中。

为方便旅客观赏起见，如今在峡谷左侧的岩壁上建成一条由钢条焊接而成的栈道，如游龙般蜿蜒于悬崖峭壁间，从谷底远远望去，十分壮观。

天上瑶池落“铜铃”

位于湖头林区海拔1000余米处有一碧池，传说为王母娘娘浴池，故名“瑶池”。有“人间醉客游仙境，天上瑶池落铜铃”“看铜铃岭上，柔水如琼玉；

望小瑶池边，柳杉似画屏”之赞誉。

瑶池面积4亩余，涌泉四季不断，池水终年碧绿，犹如一面明镜，四周绵延苍翠扑面而来，绿草相依，翠树相伴，远山近水，鸟鸣不觉，蓝天、绿树、红花倒映水中，微风轻拂，宛如随波而行，尽入眼帘，如诗如画。

春可看尽百花争艳，夏能观茫茫云雾，秋可望晴空明月，冬亦能眺林海雪原。游人来此，如入仙境。忘身处何地，神宿何方。

铜铃山雪景

从瑶池徒步上山百余米，便到观日台。清晨，可观旭日从群山叠嶂间冉冉升起；傍晚，能见夕阳在密林深处缓缓西沉。

瑶池向西300米处是昭烈亭。1936年冬，刘英、粟裕部队第二纵队百余人途经胜坑割草坳，遭国民党一营兵力包围伏击，红军奋起反击，给敌以重创。战斗中，红军战士十余人壮烈牺牲。为纪念红军英烈，1997年兴建了昭烈亭。

旅游攻略

地址：文成县叶胜林场

交通线路：

1. 自驾：温州（上高速）—飞云·文成出品—（56省道）文成—石垟林场—铜岭山

2. 公交：温州市区（新南站）文成县城（新车站—老车站）—铜岭山

联系方式：0577-67758188

门票：70元/人

住宿：周边有铜铃山森林公园度假村、铜铃山庄

永嘉石桅岩景区

石桅岩景区位于浙江省永嘉县境内，三面环溪成峡，主要景点有石桅岩、小三峡、水仙洞、麒麟峰、水响岩、菠萝岩等，兼具有雄、奇、险、秀、幽、奥等特点。

“浙南天柱”石桅岩

石桅岩景区，风景名胜云集，是感受自然、亲近自然、放松心情的绝佳去处。

景区的核心景观形似船桅，拔地而起，故名石桅岩。通体皆石，呈浅红色，岩顶如并蒂莲蕾，比肩而耸，此岩有“浙南天柱”之誉。石桅岩周围环拱着 9 座高度在 100~200 米的峰峦，它们高低不等，形态各异，如群星托月般，簇拥着这“天之骄子”。

石桅岩三面环溪，陡坡松枝展翠，藤萝障翳，时有猴群出没。石桅岩南面脚下有一深潭，乘竹筏溯流而西，潭两岸是黝黑如铁的悬崖。眼看到了绝境，倏然间，舟筏拐一弯，钻进一条 3 米宽左右的岩缝，岩缝峭壁上置一钢梯，攀登其上，

石桅岩景区

入一石洞，名“水仙洞”，洞高8米，宽6米，深10米，洞中有壁泉，飞珠抛玉，洞口一野树，倚壁而生，苍枝瘦干向内欹偃，似天然盆景，洞旁怪石嶙峋，乔松排青。以洞作窗，对面峰峦陡立，峥嵘险峻，高低不同的两座独立石峰，中嵌一石，如麒麟送子，昂首向天，清流环石桅岩脚近300度迂回流淌，溪边修有栈道，沿溪而上，溪流似绿宝石镶嵌的腰带，盘旋石桅岩脚，时宽，时窄，时缓，时急。景色层出不穷，变化多端，给人回味无穷。

一步一景奇林怪石

蚱蜢舟渡

石桅岩景区许多奇林怪石充满野趣，在石林穿梭间，说是“一步一景”也毫不为过。

“小三峡”是石桅岩景区的天然门户，游客需要乘坐当地一种外形酷似蚱蜢的古老的交通工具——蚱蜢舟摆渡进去。蚱蜢舟没有动力，全凭人力控制，需要较高的驾驭技巧。伴着船公悠闲的桨声，河面荡起阵阵涟漪，“小小木舟江中游，巍巍青山两岸走”，山色空濛，潭水澄鲜，让人心旷神怡，心情豁然开朗。小舟经过了一线天，左右两爿山峰如双屏相合，中间是一条小路，抬头仰望，只能看见一线青天。

舍舟上岸后会看到路的右手边有个深潭，潭水寂静呈深绿色，因其形似一条金鱼而得名“金鱼潭”。在金鱼潭的出水口处，有一块岩石像一头老水牛伏卧在水中尽情地喝水。而在转弯的平台上，回过头来再看刚才那只老水牛，在它的对面，有一只“大鳄鱼”半露出水面，鳄鱼背上的白色石头，活生生像一只头高高翘起的蛤蟆在“引颈高歌”。站在这个转弯口，左前方是一只背对游客，跪在那里的单峰骆驼，而骆驼的正前方有一座山，两边翘起、中间微凸，像一个大元宝，得名“元宝山”。元宝山的前方两座大山之间有一座最高的山峰，肖似鲨鱼头，黄色大裂缝是鲨鱼的血盆大嘴。如此栩栩如生的动物形象，不得不佩服大自然的鬼斧神工，为我们雕凿了一座栩栩如生的石头动物园！这处石头动物园于2005年和北雁荡山一起，被联合国教科文组织批准成为“世界地质公园”。

一方山水一代故事

湖光倒映

石桅岩北边有大片草坪，绿茵如毡。石桅岩南面宽广平静的溪流上有70多米长的石碇步。夕阳西下时，雄伟的石桅岩倒映在碧水中，牧童赶着黄牛，哼着小曲，对岸下岙村上空炊烟袅袅，一幅充满诗情画意的田园风光图景映入眼帘。

传说这里是水仙姑娘的后花园，风景美丽而又独特。大家看对面的岩石，像不像一位慈祥的老者？人们把它称之为“老人岩”。在老人岩的上面，你还可以看到一个大大的脚印，石桅岩有很多珍贵的草药，传说这个脚印是仙人采药的时候留下来的。站在天然大草坪上，转过身，背对石桅峰，昂着脖子往后面看，你会发现，石桅峰又像一只正在休息的雄鹰，伫立在这里，气势十分雄伟！

景区内还有一处奇石叫作“仙人遗田”。是因为这块岩石上有许多突起的条纹，有的是直条纹，有的是格状纹，很像乡间的田埂。谁能在岩石上犁田呢？恐怕只有天上的仙人了，真不知道是哪位神仙，竟放下此处犁田，只顾自个去潇洒云游去了呢？久而久之，这块岩石就有了“仙人遗田”的说法。

丰富多彩的民间文学肯定与文明古迹相伴而生，优美动人的神话传说从另一个侧面反映出永嘉人民爱憎分明的文化传承。

旅游攻略

地址：永嘉县楠溪江风景名胜区东北部

交通线路：

1. 诸永高速枫林出口下右转—环岛转盘直走—离楠溪江二桥 200 米右转走交通绿道 1 号线（雁楠公路）—岩上村村口靠左边过隧道左转—石桅岩

2. 甬台温高速雁荡出口—雁楠公路—石桅岩

3. 瓯北码头汽车站（公交车）—鹤盛镇—石桅岩

联系方式：0577-67198058

门票：50 元

住宿：枫驿、君兰瓦居、森林梦

永嘉龙湾潭国家森林公园

龙湾潭国家森林公园位于永嘉县国家级风景名胜区——楠溪江风景区境内，于 1991 年经国家林业部批准建立，2002 年晋升为国家级森林公园，规划总面积 1650.8 公顷（亩），森林覆盖率达 95.2%。公园内平均海拔 540 米，气候温暖湿润，四季分明，夏无酷暑，冬无严寒，年平均气温 18.2℃。郁郁葱葱的茂林修竹使公园层林尽翠，四季常青，森林资源丰富，环境清静宜人，是开展科学考察和科普教育的理想场所。

奇石秀水野趣纵生

龙湾潭国家森林公园景区内奇峰林立、茂林翠竹、涧泉清流，风光旖旎，美不胜收。

景区内最主要的景观是由一条绵延的水流在山中形成的大大小小的瀑布。进入景区后，走过一段水上矴步，开始沿着溪流边的步道游览。你会依次邂逅水流形成一个“川”字的银川瀑、吊桥下方的莲花瀑和折扇瀑、石缝中迸出的洞中瀑等。这些瀑布造型各异，夏天更是清凉。寻访瀑布的过程中，你还能看到金龟戏水、熊猫赏月、一指观音等造型各异的石头。

走到名为“雄鹰展翅”的山岩附近，正前方就是龙湾潭最美的七折瀑的最后一折，龙潭水碧绿清澈，是景区内最精华的景观。再往上走一段路，有一个小观景台，能俯瞰七折瀑全貌。80 多米长的水流分做七级，每级由一瀑一潭组成，上下相叠，大雨过后更为壮观。

在龙潭七折瀑中还有一个动人美丽的传说。仔细观看，可以发现瀑水当中有一尊观音。观世音菩萨是慈悲的化身，为拯救人类苦难而保驾护航，寻声救苦，缘度众生，相传她有 32 种化身。而此处瀑布中有许多观音像。观音为什么会在这水中现身呢？原来，雄狮想借水救妻子的龙神，就是这个龙潭里的小龙，小龙年少轻狂，爱打抱不平，观音看他性格耿直，过于刚烈，怕他犯下错误，误伤百姓，就留了几个化身，在此看住他。当然，也可能是因为龙湾潭的风景实在太美，观音迟迟不肯离去。

植被茂密四季宜人

瀑布

龙湾潭国家森林公园景区的森林资源丰富，环境清静宜人。森林公园范围内共有维管束植物1014种、162科。其中，雁荡润楠为珍稀濒危保护植物，整个森林公园犹如一个天然植物园。

贵为珍稀濒危保护植物的雁荡润楠堪称“活化石”，它与古时楠溪江的沿江两岸的楠木为同脉。然而现在，在楠溪江已经很难看到楠木的踪迹，不过在龙湾潭，却存有成片的楠木林。该树属樟科常绿乔木，是浙江省特有树种，仅产于雁荡山及其附近山区。植物学家根据资料记载曾到雁荡山寻找很久，却一直没有找到，以为这个树种已经灭绝了。2006年7月，浙江农林大学的专家来龙湾潭景区考察，无意中发现了这棵楠树，如获至宝，兴奋地赞誉它是“世界独有润楠树”。

栈道

郁郁葱葱的茂林修竹使公园层林尽翠，四季常青。天然植被的有机结合，创造了良好的生态环境，使群多的珍禽异兽在此安居乐业。

观景平台试胆玩乐

悬空观景平台

除了自然景观外，龙湾潭最高处还建造了"试胆"专用的悬空透明玻璃观景平台。这座大U字形悬空透明玻璃观景平台，正好从孔雀岩的嘴尖伸展出来，悬空距山谷底高达300多米，相当于100层楼高，是目前我国悬空高度最高、宽度最大的观景台，也是浙江省第一个悬空观景台。

观景台一次仅容纳8人，大家行走在玻璃观景平台上，可以鸟瞰整个景区风光。观景台的台面玻璃是经过特殊处理的钢化玻璃，支撑玻璃的U形架子，用钢柱打进岩壁，再用水泥浇筑，两边还有铁柱护栏，同时还增加了防震和防台风功能的设施，可以抗里氏7级地震，只要按规定人数上去是绝对安全的。站在300多米的高空，玩的何止是刺激？放眼望去，四周茫茫林海，群山逶迤，透过栈道的玻璃往下看，凌空300多米的感觉多少有些让人胆战心惊，整个景区都被郁郁葱葱的植被所覆盖，确实是"无限风光在险峰"，但这也是很多游客观光"打卡"的好地方。

旅游攻略

地址：永嘉县楠溪江风景区境内

交通线路：

1. 诸永高速枫林出口下右转—环岛转盘直走—离楠溪江二桥200米右转走交通绿道1号线（雁楠公路）—龙湾潭

2. 甬台温高速雁荡出口—雁楠公路—龙湾潭

3. 瓯北码头汽车站（公交车）—鹤盛镇—龙湾潭

联系方式：0577-67191678

门票：景区票价70元，滑道票价30元

住宿：枫驿、墟里二号

瑞安花岩国家森林公园

花岩国家森林公园位于瑞安市飞云江北侧的大山幽谷之中，始建于 1991 年，2002 年获批为国家森林公园。它是一处以森林、银瀑、碧潭、花岗岩地貌为特色，森林旅游、观光度假、避暑健身、科普考察为主要功能的森林公园。

公园的森林资源更是丰富，森林覆盖率达 98%，是中国亚热带地区低海拔保存珍贵树种最多、品种最全、保护最好的天然常绿针阔叶林基地之一。园内有国家保护动物 9 种，保护植物 7 种，是浙南地区秀美山川的典型代表。

九潭连珠　潭瀑胜境

花岩国家森林公园

奇岩怪石、多姿多彩、象形肖物、潭瀑美景是花岩公园最大的特点。一条主溪涧——九龙溪贯穿景区，自海拔 1000 多米的五云山巅汇涓纳流，急泻而下，形成了风格迥异、潭瀑联生、飞珠溅玉的九潭九瀑奇观，自下而上，分别是古钟潭（一潭）、龙井潭（二潭）、飞龙潭（三潭）、铜镜潭（四潭）、玉瓶潭（五潭）、洗心潭（六潭）、琵琶潭（七潭）、溅玉潭（八潭）、九龙潭（九潭）。九个碧潭大小不一，风格各异，其数量之多、形态之美实属罕见，因而在当地有“花岩归来不看潭”之说。早在咸丰年间，就有人把这里叫作“九潭”。

第三潭称为飞龙潭，是九潭里最漂亮的一潭，形状圆得周正，潭水似乎圆到哪里就深到哪里，没有平缓，没有过渡，一点都不拖泥带水，好似人工雕琢似的，导致那潭水就如一块切割好的碧绿玻璃，安静地镶嵌在这山地里。

传说多年以前，这潭里生活着一条有千年道行的大鲤鱼，平时，它看到山民们坐在潭边小憩时，总是摇头摆尾地探出头来与人同乐。有一年，山民们遭受了一场空前的旱灾，土地都被晒裂开来像龟背一样。这鲤鱼得知后，十分同情山民们的遭遇，它听说自己只要跳过九龙潭的龙门就可化龙行雨时，当即决定全力以赴去试一试，为民解除苦难。结果，它历尽千辛万苦，倾尽全身功力，先后跃过了六个碧潭，终于变为一条赤色蛟龙直上云霄。顷刻间，大雨便“哗哗哗”的倾泻下来。花岩的山民们得救了，一时间，山里山外欢声雷动。

那鲤鱼化龙后，天庭让它留在天池享福，可它因留恋着三潭的秀美和花岩山民的友情，化成石龙，留在旧居。山民们得知后便将三潭改名为“飞龙潭”。此后，每逢山里遭遇旱情，山民们都会到飞龙潭来求雨，据说还挺灵验的。

丰富森林　动物天堂

该公园森林资源丰富，森林覆盖率达98%，植被保存完好。以常绿次生阔叶林为主，是中亚热带至南亚热带过渡植物的代表，保存有中亚热带多种优良珍贵树木资源，有森林植物908种，隶属161科、495属，属国家保护树种有4种，省级保护树种有29种。其中，具有一定观赏价值或园林用途的野生观赏植物400多种，具有一定药用价值的有614种，可供直接食用的野生果树50余种。

森林氧吧

丰富的森林资源，给野生动物的栖息繁衍提供了良好的环境。虽然潭水沉静，但是这个森林公园可比较热闹、比较野趣。漫步林间，时而可见松鼠从树梢掠过，野生猕猴在悬崖峭壁戏嬉。在花岩森林公园的密林峭壁间，跳跃着一群可爱的动物界精灵——猕猴，数量在百只以上，是温州市最大的野生猕猴群，给森林公园带来了更多的灵气。此外，森林中还有豹、岩羊、穿山甲、猫头鹰、小灵猫等野生动物。

景色秀丽　避暑胜地

这里的山石多为花岗岩，经长期水流侵蚀和岩石风化作用，山峻坡陡、壁峭崖悬、沟壑幽深、碧潭飞瀑到处都是。这也是取名“花岩”的原因之一。除九潭连珠外，在青翠的峰峦溪谷间，遍布千姿百态的奇岩怪石，主要景点还有“龙王椅”“石猴出世”“上山龟”“山涧龙虾”“守山龟”等。在密林之中，更有一座始建于清康熙年间的古刹——花岩禅寺。九龙溪碧潭银瀑的潺潺溪水声，相伴有花岩寺袅袅梵音，甚是怡人。

花岩雪景

花岩玉潭

公园空气清新宜人，夏无酷暑，是避暑胜地。尤其是五云山，因山高时常有彩雾出现，故名五云山。五云山巅，林海茫茫，松涛阵阵，更有变化万千的天象奇观，朝看日出，金光万道，蔚为壮观；暮观晚霞，红霞满天，绚丽多彩。春夏之际，但见云海飘逸于山谷密林之间，时而铺天盖地，时而销声匿迹，正是“雾起群峰活，雨来万瀑生”。到了冬季，更有南方少见的北国景象——雾凇奇观，漫山遍野，一派银装素裹。其山顶地形平坦，原是新四军校场遗址。

旅游攻略

地址：瑞安市高楼镇红双林场红湖路

交通线路：甬台温高速公路至飞云出口—新56省道—57省道—花岩国家森林公园游客中心

联系方式：0577-65730098

门票：50元

住宿：寨寮溪度假村

苍南玉苍山国家森林公园

玉苍山风景名胜区位于苍南县西北部，是“滨海—玉苍山”风景名胜区的重要景区之一，距县城灵溪镇33千米，面积2379公顷，森林蓄积量15.8万立方米，森林覆盖率95.9%，被誉为“天然氧吧”。1991年被国家林业部定为国家级森林公园，2012年被批准为国家4A级旅游景区。

玉苍山有百余景

雾绕苍山

玉苍日出

玉苍山森林公园融自然人文景观山、石、溪、瀑、湖、寺、林为一处，雄深幽秀兼而有之。景区内怪石、山顶湖群与茂林、云海、古寺、幽洞交相辉映，组合成独特、迥异的湖光山色。玉苍山风景名胜区南北约8千米，东南跨9千米，总面积74平方千米，景区规划面积23.5平方千米，由中心景区、东景区、南景区、西景区和北景区五大部分组成，共108个景点。

玉苍山古名“寿山”，传说此山是王母娘娘做寿的地方，众神仙每年向王母娘娘献宝祝寿，因而宝玉堆满山冈，整座山成了宝玉的仓库，故名“玉仓山”。

此名“玉仓山”仓字是仓库的仓，新中国成立后，这里办起了林场，满地苍翠，因此又改名为“玉苍山”（苍是带草字头的苍）。苍南县因位于玉苍山之南，就起名叫苍南。

玉苍山国家森林公园面积2379公顷，主峰大玉苍海拔921.5米，森林覆盖率达95.9%，森林蓄积量15.8万立方米，负氧离子含量极高，空气清新宜人，被誉为天然氧吧。

明朝郑思恭写道：“昔时古杉弥谷，老松蒙笼，攒云簇霞，不雨滴翠，最号名胜，游屐相错。”可见那时已游人众多。

玉苍山上看石海

玉苍山国家森林公园位于苍南西北部，风景秀丽，观日出、赏云海、览奇石，堪称玉苍三绝。在石海景区，还深藏着一个神奇的地下迷宫，是温州首个大型地下迷宫旅游项目，长800多米，一次最多可容纳1000人，岔路众多，洞洞相连，错综复杂，也是真正的天然大空调。

石海是玉苍山自然景观的精华，这里无处不石，无石不美，各具神态，妙趣天成。仙人址吵、石瀑岩、石海覆舟、望天龟、摇动岩、锦绣谷……大自然的鬼斧神工造就了这个奇石世界，使人对玉苍胜景发出了“桂林山水甲天下，玉苍石海甲神州”的赞叹！

景区内还有一条“好汉摩天岭”，山势陡峭险峻，石体浑圆无棱，悬崖峭壁之上摩天栈道绕石壁而建，游人借栈道能有惊无险地登上海拔921.5米高的玉苍极顶。此时，玉苍山黑色的石海、白色的云海和绿色的林海尽收眼底，蔚为壮观。

石海神韵

栈道

索桥

蘑菇石

玉苍山里好隐居

玉苍山还是一处超尘脱俗的隐居场所，古代不少隐士曾经隐居于此潜心学习，如编过明初《平阳县志》的龙港镇白沙人方燧。乾隆本《平阳县志》就保留这么一段逸事："张氏（忘其名）尝隐于玉苍山，数年不出。一日，乡人偶于山中遇之，引至一处，见境界迥异，艳葩妙果，俱非人间所有。宿留数日，归，语其家，迹旧道寻之，第见峰峦𡾊列，白云杳霭而已。"意味有点像陶渊明的《桃花源记》。

法云禅寺

龙船湖健身道根据古代皇帝

贵族养身之法和现代医学原理而设计建造，它由规则铺就的按摩道、梅花桩、平衡木三部分组成，赤脚步入该健身道，能起到按摩穴位、舒经活络、预防疾病等功效，让你延年益寿。

近年来，玉苍山景区结合实际，不断打造与生态观赏、文化融合的旅游新业态，推出新景点。现景区杜鹃园面积有 50 亩，超过包括本土品种在内的 20 多个品种，5 月是观赏杜鹃花的最佳时机。玉苍山已经连续成功举办了玉苍山杜鹃花旅游节，杜鹃花旅游节举办期间，游人如织。

玉苍山中两山庄

玉苍山景区基础接待设施完善，有依山环湖而建的华玉山庄、玉苍山庄，其环境优美、设施先进，为避暑、休闲、度假、养生之胜地。

鱼乐人欢

三星级饭店华玉山庄坐落于美丽的天湖边上，总建筑面积达 26000 平方米，总投资 1.5 亿余元。山庄现有豪华套房及商务标房 300 余间，设有格调新颖、装潢典雅的大小餐厅和宴会厅、会议中心、高档 KTV 包厢、网球场、户外游泳池以及农家乐等设施，日接待宾客可达 500 多人，能满足不同层次规格的会议、旅游、商务之需。华玉山庄的建筑格调及依湖傍山的优美环境为景区增添了一道亮丽的风景线。

玉苍山庄，有标准客房 40 余间，80 多张床位，有大小型会议室、多功能厅、高中档餐厅、包厢，是会议商务、观光旅游、避暑度假、保健疗养的理想场所。在呼吸新鲜空气的同时，玉苍山庄还为您提供绿色无污染自产自销农家特色菜（农家土鸡、农家猪肉、农家兔子、玉苍山四季笋、凤岭马蹄笋、高山蔬菜、高山野菜、桥墩水库鱼头等）供你品尝，饱你口福。

旅游攻略

地址：苍南县桥墩镇

交通线路：

1. 自驾：经 G15 高速，观美出口，往桥墩方向，进入桥玉线，直行上山到达景区

2. 公交：灵溪汽车站，乘坐至桥墩的巴士，换车至玉苍山景区

联系方式：0577-68682075

门票：55 元

第六章
中医药文化养生旅游示范基地

中医药文化旅游产业是中医药文化及中医药产业与旅游产业、文化创意产业等进行有机融合，以提供中医药文化传播及养生保健、医疗康复等服务为主题的创意旅游新业态，它能满足人们对中医药文化的了解和对中医药养生保健、医疗康复、休闲旅游的精神文化和物质文化消费新需求。旅游 + 养生的概念，赋予了旅游新内涵，给游客带来的是一种全身心的愉悦。

神奇浴液　泰顺氡泉

——中医药养生旅游示范基地“玉龙山”

玉龙山氡泉度假村位于浙江省泰顺县承天氡泉景区，素有天下第一氡之称，距温州市区92千米，距104国道分水关24千米，位于浙闽交界线上，国家级生态县——泰顺县雅阳镇内。以氡泉为核心的氡泉度假区中心19.2公顷，系省级自然保护区，并被国家环保局列为“跨世纪绿色工程”。氡泉度假区坐落在华东第一大峡谷口，这里山溪蜿蜒、峰峦叠翠、峡谷深切、崖壁峻峭、百瀑汇川、溪水长流。自然景观委婉中见雄伟、朴素中藏珍奇。

疗效奇特的浴液——氡泉

氡泉浴疗源远流长，上溯至公元1468年。泰顺县诸史书记载许多疾病被氡泉这一神水沐浴得无影无踪。据有关专家介绍，氡水温泉是一种保健神泉，是为生命加油的理性选择，氡泉浴疗对增强心脏机能、血压系统、神经系统、内分泌系统有着特别的功效。对各种关节炎、皮肤病、痛风、高血压、心脏病、胃病、糖尿病、脊椎骨突出、血栓性脉、气管炎、神经官能症、胃及十二指肠炎等10多种慢性病疗效显著，是任何人工合成药物无法替代的。氡是一种气体，当进入人体神经组织和皮肤后，对人体组织和皮肤的新陈代谢有帮助促进作用，能平衡女性内分泌失调、皮肤保养和美容，有助于睡眠、

氡泉温池

减轻疲倦和疼痛。氡泉水来自地下5000米深处，除含有微量的氡外，还含有40多种人体必需的微量元素，经国土资源部鉴定为“国家级浴用医疗热矿泉水”。

中医药养生旅游示范基地——玉龙山

玉龙山氡泉度假村

玉龙山氡泉度假村是温州市可持续发展重点项目，泰顺县重点工程项目，总占地面积300多亩，规划有温泉度假中心、高级商务会所、生态旅游观光农场、运动健身区、高级温泉疗养区五大功能区。首期开发项目有中式古典温泉度假中心、养生氡泉泡浴区、温泉别墅、农家风味餐厅、露天茶吧、保健理疗等，其中以温泉养生泡浴作为目前主导产品，园内设有氡泉原汤泡浴区、保健美容香花浴、温泉“亲亲鱼”、温泉SPA水疗浴、温泉石板浴、瀑布池和景观池等。玉龙山氡泉突破传统地面温泉泡浴理念，将40多个不同主题的汤池构建在半山怀抱之中，矗立于悬崖峭壁之上，沉浸氡泉池内，望眼峡谷，小桥、瀑布、劲松，白雾霭霭……在这里您尽可放飞心灵、放松身心，置身于大自然的怀抱之中，尽情汲取“天

玉龙山氡泉池景

休息区

然氧吧”之精华，感受原汤沐浴、甘霖与宁静之礼佛文化。在这里您尽可感受大自然的韵味气息，倾听溪水潺潺，细闻鸟语花香，品茗闲聊，细想芳华，洗尽人世烦嚣。

2014 年 12 月 4 日泰顺玉龙山氡泉旅游开发有限公司迎来了申报浙江省中医药养生旅游示范基地的实地考察和现场评审。经过一天评审，省、市、县领导专家充分肯定了该公司在中医药养生旅游方面做了大量的工作，特别是该公司在中医药温泉养生沐浴、中医药养生药膳等方面都很有地方特色，该项目评审通过，开创了泰顺中医药养生旅游的先河。

在现场，省农业局专家杨薇指出，住宿服务上和温泉沐浴上要进一步结合养生元素，对员工进行养生保健方面的培训教育，根据客人不同的身体状况，为客人提供不同的沐浴知识，膳食知识，这样可以对客人更加有吸引力。省中医药大学包利荣建议，要挖掘中医药文化，在中医药文化展示上做好文章。关键要创品牌，要设计好套餐，向客人介绍怎么泡温泉和吃什么药膳才有利健康。省旅游局卢绍文表示，打造中医药养生文化，挖掘展示当地的特色文化，多搞一些企业文化展示。与会专家、领导建言献策，为玉龙山氡泉旅游开发有限公司在今后中医药养生旅游指明了发展方向，这势必推动泰顺温泉中医药养生旅游更上一层楼。

泡氡泉须知 8 大注意事项

玉龙山氡泉度假村推出各类中医药养生食谱，让市民在享受美味食品的同时做到补血、养阴、补气等调理身体健康。但在泡氡泉过程中游客必须了解以下 8 大注意事项。

1. 泡氡泉前必须先沐浴洁身，以保持温泉水质卫生及让身体适应水温。

另外，洗去皮肤汗渍更容易吸收泉水中的矿物质。

2. 到温泉区必须穿着泳装及防滑拖鞋，小心地滑。

3. 选择适合自己温度的温泉池浸泡，一般从温到热，每次浸泡 15 分钟左右即上岸，稍作休息后再浸泡（高温池不应超过 10 分钟）。

4. 初次浸泡不适应者或浸泡时间过长者，一般会出现口干或胸闷等不舒适感觉，此时应立即上岸稍作休息，饮杯水可舒缓不适。

5. 避免空腹、饭后泡温泉，泡温泉与吃饭时间至少应间隔一小时。

6. 凡患有较严重的心脏病、高血压、身体不适者或有身孕者均不宜入池浸泡，除非医生准许及有专人陪同方可。

7. 酒后，特别是酗酒者不宜入池浸泡。

8. 浴后用清水冲洗身体，但不要用肥皂或浴液，以保存皮肤表面所吸收的矿物质。

旅游攻略

地址：泰顺县承天氡泉景区

交通线路：自驾上沈海高速，在分水关收费站出高速，进入 S331，往雅阳氡泉风景名胜区方向，根据路牌指引即可

联系方式：0577-59286666、18870076243

网址：www.wzdongquan.com

中华仙草 雁荡石斛

——温州首个省级中医药文化养生旅游示范基地“铁枫堂”

2016年，省旅游局、省卫生计生委、省农业厅联合发文，命名12家单位为2015年度浙江省中医药文化养生旅游示范基地，乐清的浙江铁枫堂科技股份有限公司名列其中。据悉，这是温州市首个省级中医药文化养生旅游示范基地。铁枫堂为温州市旅游产业又增添一道亮丽风景线。

中华九大仙草之首——铁皮石斛

最早记录铁皮石斛的医学名著是东汉的《神农本草经》，将铁皮石斛列为上品，味甘平、无毒、主治伤中、除弊下气、补五脏虚劳、强阴益精、补内绝不足、平胃气、长肌肉、久服厚肠胃、轻身延年、定志除惊。公元659年的《新修本草》将铁皮石斛列为“上品之上”。中药有关上中下品的定义：上品指有益无害、中品指益多害少、下品指害多益少。唐朝《道藏》将铁皮石斛列为中华九大仙草之首。

雁荡山地处东南沿海，形成于1.2亿年前的流纹质古火山，这里四季分明、雨量充沛、温暖潮湿，独特的气候条件和地理环境造就了高品质的雁荡

石斛花

铁皮石斛

山铁皮石斛。

宋代的《本草图经》就有记载“铁皮石斛，温台有之”。北宋《证类本草》中也有记载“温州石斛”。明嘉靖十六年《温州府志》记载“温州上贡北京礼部石斛三十八斤、南京礼部石斛二斤”。明嘉靖四十年《浙江通志》记载“温州上贡北京礼部石斛三十八斤，南京礼部石斛二斤”。明《雁荡山志》记载“铁皮石斛，岁取入贡”。清朝《本草乘雅半偈》中记载“铁皮石斛，温台为贵”。《本草从新》中记载“石斛，温州最上，广西略次，广东最下”。

铁枫堂种植的石斛产品

非物质文化遗产传承基地——铁枫堂

乐清市铁皮石斛种植面积8000多亩，组培室33家，企业300来家，从业人员近5万人，总产值超15亿元，先后被授予中国铁皮石斛之乡，中国铁皮枫斗加工之乡，国家铁皮石斛生物产业基地，浙江省铁皮石斛生产基地县，浙江省林业（铁皮石斛）特色小镇。乐清市龙西乡北垟村和大荆镇平园村先后被授予农业部一村一品（铁皮石斛）示范村。

“铁枫堂”是乐清铁皮石斛的领军企业，源于1840年，重建于2010年，公司坐落于拥有国家级森林公园、世界地质公园的雁荡山麓。公司下辖7个子公司，建有石斛种植基地2000多亩，铁皮石斛组培苗厂房5000多平方米，是一家集铁皮石斛品种选育、组培苗繁育、大棚种植、林下原生态种植、石斛枫斗GMP加工、保健食品、中药日化用品生产开发、电子商务、铁皮石斛中药养身为一体的现代科技农业企业和生物医药企业，并建成产区唯一的GMP中药饮片厂和质量检测中心。公司已经连续5年获得有机产品认证，并通过农产品气候品质认证和森林食品认证。

2013年“铁枫堂”成立了我国石斛行业首个院士专家工作站和国家中医药管理局铁皮石斛重点研究室，2015年铁枫堂被认定为浙江老字号、浙江省著名商标，2016 年被授予教育部现代中药制剂铁皮石斛联合实验室。还先后荣获浙江省科技农业企业、浙江省优秀创新型企业、浙江省农业龙头企业、浙江省林业龙头企业、浙江省消费者信得过单位、浙江省非物质文化传承基地、浙江省中医药养生旅游示范基地等。公司项目分别被列入国家星火科技计划项目、中央财政林业科技推广示范项目等。

“铁枫堂”铁皮石斛野生种植基地是目前全国最大的野生铁皮石斛种植基地，基地位于雁荡山灵峰景区，古道旁的树上，种着一圈圈绿油油的铁皮石斛，是灵峰景区中一道美丽的风景。

铁皮石斛第五代传人——宋仙水

铁皮石斛种植基地

“铁枫堂”董事长宋仙水太祖父宋康池于 1840 年开设中草药铺，开始采集销售铁皮枫斗。曾祖父宋万连子承父业经营铁皮石斛等中草药，行医治病而闻名乡里。1912 年蒋叔南为其题“铁枫堂”，“铁枫堂石斛”由此而得名。1924 年康有为其祖父宋再余题“中医世家”，胡雪岩曾亲自上门采购雁荡山铁皮石斛，其父宋启富 1972 年在乐清市大荆创办了“铁枫堂石斛枫斗加工厂”，产品远销东南亚市场。2010 年，宋仙水利用祖辈遗存的传统技艺结合现代生物科技创办了浙江铁枫堂科技股份有限公司。

在宋仙水的带领下，“铁枫堂”始终秉承“传承、创新、发展、共赢”的经营理念，以“发展铁皮石斛、服务人类健康”为宗旨。公司总投资 1.2 亿元，已建成年产铁皮石斛组培苗 7000 万株的组培室 3 个，宋仙水的经营之道有“三重”，即一重传承，二重科技，三重市场。2012 年 5 月，铁枫堂在雁荡山独家承办了首届道地药材产业论坛；同年 12 月，在温州举办了雁荡山铁皮石斛推介会；2013 年，在乐清成功举办首届中国雁荡山铁皮石斛文化节；2014 年，在杭州成功举办第二届中国雁荡山铁皮石斛文化节。

“雁荡山夕阳红旅游团队较多，铁枫堂省级中医药文化养生旅游示范基地位于雁荡山，有利于景区培育中老年养生目标市场。”雁荡山管委会旅游开发管理局副局长郑芝说，雁荡山不仅山水奇秀，铁皮石斛也名声在外，接下去雁荡山将把“游名山购名品”作为一种新的旅游业态进行开发。

用铁枫堂科技股份有限公司董事长宋仙水话说，“省级中医药文化养生旅游示范基地”是块金字招牌，“铁枫堂”进一步做好中医药养生基地的特色挖掘和文化展示以及科学普及、产品采购和药膳美食等工作。各大基地将开发成为集旅游、科普、养生、保健、交流等于一体的中医药养生文化养生旅游目的地。

旅游攻略

地址：乐清市雁荡山龙西铁皮石斛特色小镇北垟精品园

交通线路：甬台温高速雁荡山出口直行到104国道，右转约2千米至中庄路口，左转沿雁荡山旅游环线往龙西方向，约7千米到龙西乡北垟村铁枫堂基地

联系方式：4009915187、0577-57199888

网址：www.tftjt.com

二维码：

第七章

特色旅游消费场所

特色旅游消费场所是指为游客提供地方特色旅游商品和旅游购物服务活动及休闲娱乐的场所，包括综合类旅游购物场所、专营类旅游购物场所、特色旅游餐饮消费场所、体育健身场所、文化观光场所。这些场所对扩大内需、拉动旅游消费、开发和吸收社会旅游资源、为旅游团队和游客提供地方特色商品和旅游购物休闲娱乐等营造良好社会氛围。

温州叶同仁马鞍池国医国药馆（叶同仁中医药博物馆）

叶同仁中医药博物馆

叶同仁马鞍池国医国药馆开业

《浙江省医药志》《温州市志》等历史志书记载："叶同仁"药栈由宁波慈溪人叶心培始创于1670年，距今已有300多年历史，是温州现存为数不多的百年老企。

"叶同仁"遵循"修合虽无人见，存心自有天知"的古训，始终坚持"传承历史，开拓创新，弘扬国药，辉煌品牌"的经营理念，企业获得"中华老字号""中国驰名商标""浙江省著名商标""浙江省老字号""浙江省商贸百强企业""温州市非物质文化遗产"等多项荣誉称号。

"叶同仁"作为具有340多年历史的老字号品牌，历经了岁月沧桑，留下了丰厚的非物质文化遗产，包括叶同仁中医药文化、叶同仁诗赋文化、叶同仁养生文化、叶同仁经营管理文化等。数百年来，叶同仁始终秉承"修合虽无人见，存心自有天知"的古老店训，经历十代人而岿然挺立，为了传承和发扬这一历史文化瑰宝，叶同仁医药连锁有限公司于2012年5月设立了公益性的"叶同仁中医药博物馆"，2013年8月在马鞍池开设了叶同仁国医国药馆。

位于温州马鞍池东路的叶同仁国医国药馆，不同于以往的连锁药店，打破原来药店的设计风格，将传统的中医药文化融入现代人简约不简单的生活理念。该馆以中医“治未病”的特点，对入驻的商品进行严格把关，专售名贵参茸滋补品、品牌药品、养生食品，致力于打造集“名医、名药、名品”于一身的国医国药馆。为了倡导推广中医养生文化，馆内还为市民提供免费夏日伏茶、秋天润燥茶，举办冬日腊八粥等中医药传统文化习俗活动。

博物馆内堂

此外，推出有名老中医“一对一”细心诊疗，提供针灸推拿、康复治疗等理疗服务，养生食品馆让市民免费试饮、试吃药食，营养师根据健康情况量身定制养生食谱等受到市民欢迎。

叶同仁中医药博物馆位于温州市鹿城区瓯江路江滨公园内，总占地面积1000余平方米，建筑面积约400平方米，展厅面积约300平方米，是一家小而精的公益性博物馆。博物馆分为总体布局、庭院景观、室内展示三大部分。总体布局包括温州中医药事业演变史、中药企业管理史、历代医药名人名著史、浙南民间单方验方、浙南中草药标本和中药加工炮制。庭院景观内种植了100多种中草药，让广大市民在闲暇之余，可以认识中草药草本植物。同时，还举办中医药健康教育活动，普及养生知识，包括内功导引术、五禽戏、八段锦、太极拳等中医运动养生项目的学习与交流。

为适应新时期的养生健康需求，叶同仁中医药博物馆还成立了健康俱乐部，启动会员制。为了延伸“养生+”的服务模式，并成立一支专业的养生团队，包括国家级老中医、本草专家、陈氏太极拳第十二代传人以及导师、策划、厨师等，为会员提供滋补药膳调理、中医术养、心灵疏导、养生旅游等一站式服务。

旅游攻略

地址：鹿城区马鞍池路 294 号（叶同仁马鞍池国医国药馆）
鹿城区瓯江路望江公园内（叶同仁中医药博物馆）

交通线路：温州市区直达

联系方式：0577-88161923、89861066

龙湾白鹿堡酒庄

龙湾白鹿堡酒庄

瑾瑜白鹿堡是一个专注于进口葡萄酒贸易服务的大型葡萄酒交易平台，是集进口葡萄酒采购、培训旅游、文化博览、品酒休闲于一体的综合型交易卖场，现在已逐步成为市民消费、娱乐、参观的好去处。

龙湾区瑾瑜白鹿堡（红酒馆）位于龙湾区机场大道，由原来状元街道一期工业区大森鞋业公司的厂房实施退二进三改造而成。2013年，龙湾区委区政府根据市委、市政府实施城市有机更新、发展时尚产业等规划和部署，牵头对该片区企业实施退二进三改造。2013 年启动厂区全面改造升级，2014 年 10 月白鹿堡正式开业。

白鹿堡由瑾瑜酒业斥资 2 亿元，按照国际顶尖标准建造，整体商业面积共计 12000 平方米，其中博物馆面积 1000 平方米。开业至今，销售收入已超 1 亿元，取得了良好的经济、社会效益，并成为龙湾区及温州市实施城市有机更新项目的典型代表和企业转型发展时尚产业的成功样板。

走进白鹿堡，各类葡萄酒整齐地陈列在展示架上，令人眼花缭乱。一楼大厅左手边是波尔多地区葡萄酒陈列区，在这个厅的两边陈列的均为波尔多地区所产的葡萄酒。二楼为进口葡萄酒国家馆，包括法国馆、意大利馆、加拿大馆、智利馆、西班牙馆等，在这个楼层你将感受到不同国家酿造的葡萄酒拥独特口味。三楼是所有跟白鹿堡合作的酒庄酒的展示区，在这个楼层有各个酒庄不同风味的葡萄酒。四楼是世界名庄酒展示区。五楼是葡萄酒博物馆，占地 1000 平方米、藏葡萄酒 3000 余种。

白鹿堡酒庄接待区

白鹿堡酒庄展示区

在这个温州唯一的大型葡萄酒博物馆内，你将全面了解到葡萄酒的起源和发展、世界葡萄酒的历史以及葡萄品种的区别、世界各国葡萄酒的等级划分、中国葡萄酒的发展史、世界名人与葡萄酒的故事和葡萄酒酿造的全过程模拟展示等一般人所不了解的葡萄酒历史文化。

旅游攻略

地址：龙湾区机场大道 2999 号

交通线路：温州市区—机场大道直达

联系方式：4009999495、0577-85606006

温州智慧谷文化创意产业园

由温州华威冰箱厂改造的智慧谷文化创意产业园是一个集创意设计、文化艺术交流展示、时尚旅游休闲为一体的综合型功能园区。该园区由7栋单体建筑和一条创意街组成，总建筑面积45000平方米，其中3000平方米为休闲空间，包括景观长廊、休闲广场、接待中心、大型停车场等。园区内有美食中心、休闲茶座、咖啡屋、特色卖场及多种类型的文化创意企业。

留香阁是智慧谷里一所综合型文化交流场所，主要经营钢笔画、古琴、奇石、名茶、工艺品等。展示区内有中国艺术创作院教授、温州市钢笔画研究会长候传芳的几幅获奖作品，如荣获2008年全国第三届钢笔画大展金奖的《春夏秋冬》、在厦门国石瑰宝拍卖会以600万元成交（由福建省九朝汇宝博

留香阁

智慧谷里创意酒店

物馆收藏）的《佛缘墨镜　灵山圣水》16米长卷等。

创意园区里创意消费场所很多，有创意的餐厅、有品位的咖啡屋、有品质的酒吧。阳光的午后或是华灯初上，约上三五好友相聚智慧谷，实为惬意。吃饭，有梧桐餐厅，这是温州首家特色文化餐厅，诠释了城市后花园的宁静与安然。午休，有拾年，一杯咖啡慢享生活。夜生活，这里有目前唯一一家被政府授予“文化产业集团”的酒吧——苏荷酒吧。

如果有朋自远方来，想让他感受这座城市的休闲，智慧谷里这家叫LOFT唯乐创意酒店是最FUN的乐享生活酒店。VLOFT是一家将独立酒店的个性化时尚风格与主流商务酒店融为一体的多角色酒店，服务和设计均以“最懂你的朋友”为出发点，旨在对待每一位客人如同最好的朋友，满足最大限度的舒适度，致力于以当代设计为主的现代创意生活住宿体验。酒店共有58间多种风格主题的房间，在这里，你，就是你。

旅游攻略

地址：鹿城区车站大道789号

交通线路：温州市区直达

联系方式：0577-88102333（留香阁）、0577-88103737（梧桐餐厅）

瓯海森马万客丰瓯柑文化园

森马万客丰瓯柑文化园占地200亩，坐落于风景秀丽的天然氧吧——温州市泽雅风景区，与国家级非物质文化遗产、造纸活化石——四连碓一步之遥。这里山色俊美，龙泉相伴，秀水为邻，常年云雾缭绕，是生态观光的旅游胜地。

《解放军画报》原社长林松庭体验瓯柑采摘

万客丰瓯柑文化园系森马集团旗下子公司——浙江森马生态农业发展有限公司为支持新农村建设，推动瓯柑产业发展而斥资1000多万元建设的扶贫示范基地，万客丰瓯柑文化园先后被认定为“浙江省千亩瓯柑精品园”核心区、“浙江慈善造血型扶贫示范基地”和“温州市农村科普示范基地”。

宋朝宫廷元宵“传柑”习俗浮雕图、古代温州柑农将瓯柑高价卖到京城的情景剧雕像……万客丰建设的全国首家瓯柑文化展示中心——万客丰瓯柑文化园，通过挖掘并弘扬瓯柑文化，向市民及游客集中展示温州瓯柑的文化典故、瓯柑的药用价值等内容。

“先苦后甜堪品味，个中三味似人生。”作为“四瓯”之一的瓯柑无疑是温州市民最喜闻乐见的水果，瓯柑的那一丝苦味，犹如先苦后甜的温州人精神，成为温州独具特色的水果。万客丰抢救性的挖掘出濒临失传的带有瓯越传统文化色彩的“柑儿文”瓯柑特色产品、“柑饼”（瓯柑爽口条）等土产品，以及研发出具有现代时尚气息的“瓯柑蜜茶”“瓯柑果粒爽”等万瓯柑系列特色深加工产品，还创新性地将瓯柑产品融入菜品，开发出“柑儿文本地鸡”“瓯

瓯柑故事

瓯柑展厅

柑汁番薯”“瓯柑煎饼”“瓯柑西米露”“瓯柑布丁”等瓯柑菜品，开创“瓯柑主题特色餐”。万客丰瓯柑、瓯柑蜜茶现已被授予首届“温州城市礼品”及“温州名特产”等荣誉称号。

通过生态留果方式，把瓯柑延长到春季采摘，是万客丰探索瓯柑产业化生产的新路。通过近几年时间的努力探索实践，万客丰打破千百年来瓯柑冬摘传统，成功实现“冬柑春摘”。让瓯柑在树上自然成熟，不仅糖度更高，风味更浓郁，更加健康环保，而且延长瓯柑鲜果的采摘时间长达半年之久。

此外，万客丰瓯柑文化园还设立柑橘品种园，推出瓯柑树认养、亲子采摘、制作柑儿文香囊等项目，丰富休闲观光性能，打造游客探秘千年瓯柑文化、体验生态采摘乐趣的特色旅游场所。

旅游攻略

地址：瓯海区泽雅景区龙头村

交通线路：瓯海大道—温衢路线—锦绣路—温源路—天长路隧道—瓯湖线—森马万客丰瓯柑文化园

联系方式：0577-88098515、13868620062

电子邮箱：275482670@qq.com

永嘉原野园林农庄

大棚种植

原野现代创意农业园位于永嘉三江街道中村，与温州主城区仅一江之隔，地处永嘉清秀的山水怀抱之中。永嘉优美的田园风光、悠久的耕读文化和著名的长寿之乡是打造“原野现代创意农业园”得天独厚的优越条件。园区规划面积为530亩，总投资预算为2.2亿元。一期规模为150亩，于2012年冬投入使用，已投入资金1.2亿多元，年接待客人约50万，接待收入700多万元，花卉苗木销售3000多万元。

原野园林农庄是一处集精品园林、珍稀花木、娱乐体验、生态餐饮和生态木屋为一体的现代农业园，利用现代科技，农耕文化和农业艺术高度融合，让传统农业焕发出全新的风采与魅力。园区主要分布有花卉苗木观赏区、花卉展销大超市、种苗培育基地、生态茶室、生态小木屋、特产展销区、无土栽培种植室、空中树屋等部分，古典的装饰，文艺的气息，使这里的每一处景观都令人感受到天然氧吧带来的自然清新之美。

原野园林里最吸引人的莫过于其园艺餐厅——原野·遇见香草。这是温州首家花园式餐厅，私密环境，幽然空间，潺潺水流，香草为伴，闻香品茶，繁华与宁静间的自由切换，绝对是远离城市喧嚣的绝佳选择。原野·遇见香草主营精致简餐，以香草为原料的特色料理，以健康食材搭配匠心独具的创意，以香草调味的特色羹汤，自养红豆杉鸡、香草小米辽参、铁皮石斛炖鸽蛋、杂粮沙拉……一道道养生均衡料理，带给食客完全不同的体验。此外，下午茶点、主题Party、会议包厢一应俱全。

设计时尚的农庄

这个餐厅外形看上去是一个类似种植花类的大棚，而里面确实别有洞天，感觉更像是进入了一个花草园，绿意盎然的植被跟花朵成了最自然的隔断，每个区域都有每个区域的特色。餐厅的布置非常有风格，清新的小水池，北欧风格的火炉，复古的风扇，在这里用餐就是一种享受。

旅游攻略

地址：永嘉县三江商务区梅园村 104 国道边

交通线路：

1. 温州大桥北出口向三江方向 5 千米
2. 东欧大桥北向乐清方向 14 千米处 104 国道边

联系方式：0577-67991919、13780177107

网址：www.yongjiayuanye.com

文成特农汇

“特农汇 O2O 未来商城”是文成县“美丽乡村一事一议”重点项目，位于文成县旅游集散中心一楼。“特农汇 O2O 未来商城”包括线上特农汇平台、线下实体商城——文成县农产品综合展示中心两部分。线上线下互为依托，利用旅游集散中心的绝佳地理位置，每年向约 70 万外来游客展示和推介文成的美丽乡村形象、丰富的旅游资源、生态的农特产品，并结合美丽乡村 4D 视听展馆（美丽乡村 4D 影院）、智慧乡村互动中心等项目，打造出文成特有的“互联网 + 美丽乡村”的农村电商新模式，大力促进文成旅游和农业的快速发展。

美丽乡村体验中心

生态产品琳琅满目

“特农汇 O2O 未来商城”线下实体商城——文成县农产品综合展示中心目前被评为温州十大特色旅游购物点，是文成唯一一家入选单位。中心邀请文成乃至温州近百家知名农特企业入驻，展示上千种特色农副产品，产品涵盖粮油、干货、土酒等十多个品类，是文成面积最大、种类最全、最具性价比的一站式旅游购物中心。其富有乡村风情的装修设计、琳琅满目的农产品和高端大气的产品包装更是得到了游客的一致好评。

此外，特农汇平台更联合本地知名商家推出特农汇 · 一卡通钻石卡，持

前台

展厅

有特农汇·一卡通钻石卡不仅可以在线下平台刷卡消费，更能在文成4D影院、阳光假日大酒店、海之角美食坊、望江楼等本地二十多家知名商户刷卡消费并享受折扣优惠，深受本地居民的欢迎。

旅游攻略

地址：文成县大峃镇旅游集散中心

联系方式：0577-67899908

文成侨品汇

为体现侨乡风情，传播侨乡文化，发展侨乡经济，助推旅游发展，文成县打造一条集特色购物、特色餐饮、文化宣传、休闲观光为一体的侨乡特色商业街——欧陆风情商业街与线上进口商品销售平台——侨品汇，实行O2O线上线下一体销售。

侨品汇 O2O 体验中心

文成县欧陆风情商业街位于县城东小区珊门街，长1000米，已建商铺建筑面积4500平方米，预计将来街区商铺建筑总面积可达15000平方米以上。欧陆风情商业街项目主要由线上“侨品汇”电子商务平台和线下欧陆风情商业街两部分构成，线下实体店为线上商品的质量提供保障，统一由政府公开征集的温州侨品汇电子商务股份有限公司来进行管理运营。入驻“侨品汇”电子商务平台的经营业主既有国内的进口商品经营者，也有海外从事零售行业的华商。经营业主入驻平台必须缴纳足额的“正品保证金”，并作出“假一罚十”的书面承诺。

侨品汇

线下的欧陆风情商业街由侨品汇O2O体验中心和72间沿街商铺构成。

为侨乡提供全球购

侨品汇 O2O 体验中心包括华侨文化展示区、进口商品销售区、奢侈品寄卖鉴定中心等。华侨文化展示中心设有大型触摸屏、内投球以及 LED 屏，可供游客了解华侨历史、侨领风采、侨团活动以及国外品牌文化。进口商品销售区出售进口奢侈品、化妆品、日用品等，基本实现与国外同季同价。奢侈品寄卖鉴定中心为华侨和侨眷提供奢侈品寄卖服务，并为顾客提供奢侈品鉴定、养护等服务，为商品质量提供保障。沿街商铺主要销售进口奢侈品、日用品、母婴用品等。

文成是浙江省著名侨乡，县境移民海外始于清光绪年间，至今已有 108 年的华侨历史。截至目前，全县在外侨胞达 16.8 万人，分布于世界 70 多个国家和地区，其中，95% 以上居住在经济发达的西欧国家，以意大利、荷兰、法国、西班牙和德国居多。因此，在文成打造欧陆风情商业街有着得天独厚的优势，它既符合当前“互联网 +”发展趋势，也符合温州市委、市政府建设“时尚之都”战略的需求。

欧陆风情商业街线下部分于 2016 年正式开业，线上手机微信商城已开始试运行，平台 PC 端同步上线运营。

地址：文成县城东大道

联系方式：0577-67888188、67888288

雁荡山嘉禾名优特产展销中心

雁荡山嘉禾名优特产展销中心坐落于乐清市响岭头14号，地处国家5A级旅游风景区，是灵峰、大小龙湫必经之路，系休闲、旅游、购物的集散地。中心总建筑面积约350平方米，投资100万多元，交通便利，位置优越，周围快餐店、高档宾馆、小吃街、步行街、小型公园、停车场等设施齐全。

展销中心大楼

雁荡山嘉禾名优特产展销中心周边风景区以山区中部的响岭头为中心，分为灵峰、灵岩、大龙湫、三折瀑、雁湖、显灵门、仙桥、羊角洞八个景区，共有可游景点五百多处。

木雕工艺品

中心按照5A级景区的标准规划建设，购物中心内部宽敞舒适，大方整洁，配套齐全，简洁精美。中心因地制宜，将乐清黄杨木雕、乐清市细纹刻纸、温州瓯绣、篮夹缬（xié）等地方首批评为国家级非物质文化遗产引入到设计中，不仅带给消费者购物享受，更是从精神层面上让消费者更多地了解浙南文化。

海鲜干品

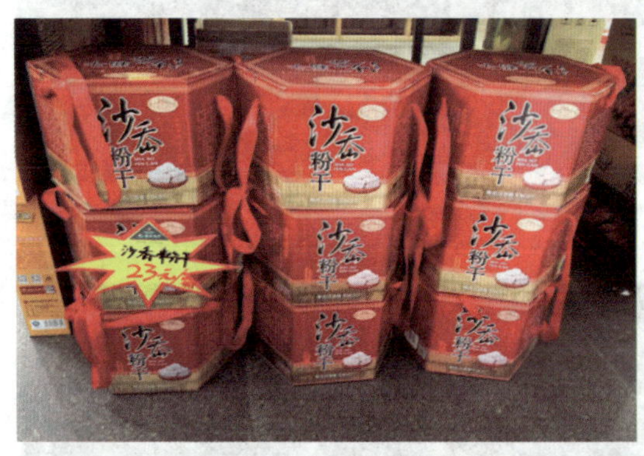

特产粉干

雁荡山嘉禾名优特产展销中心在雁荡山风景区建设投资最大，购物区面积最大、设施配套完整，是旅游团队和自驾游的首选购物之地。先进的管理方式，优秀的管理团队，本着“平价购物”“顾客至上”的服务宗旨，得到了游客的一致好评。

旅游产业具有极强的联动效应，旅游产业本身的进步，必然带动与其相关的餐饮住宿，零售批发和交通运输等服务行业的发展。而围绕旅游景区餐饮住宿，零售批发和交通运输的发展，又能进一步促进旅游业的发展壮大。因此，雁荡山嘉禾名优展销中心的人气兴旺和发展运营对雁荡山旅游业全面提升是一种重要的补充和有力的助推。

地址：乐清市雁荡山响岭头14号

第八章
特色小镇

特色小镇“非镇非区”，不是行政区划单元上的一个镇，也不是产业园区的一个区，而是按照创新、协调、绿色、开放、共享发展理念，聚焦当地经济、环保、健康、旅游、时尚、金融、高端装备七大新兴产业，融合产业、文化、旅游、社区功能的创新创业发展平台。温州市自 2015 年召开特色小镇推进会以来，共设立省市级特色小镇创建对象 26 个，其中，列入省级特色小镇创建对象 5 个，省级培育对象 4 个。目前，依托当地丰富旅游资源，雁荡山月光小镇、泰顺氡泉小镇、洞天蓝色度假小镇等项目已崭露头角。

雁荡山月光小镇

——打造月光经济产业链

雁荡山月光小镇位于雁荡镇，主要沿白溪布局，西联著名的雁荡灵峰“移步换景”景区，东至白溪入海口，南至甬台温高速互通。总规划面积约 3 平方千米，其中项目建设面积约 1 平方千米。特色小镇创建期为 2015—2017 年，3 年计划新建、改建、扩建项目共 18 个，力争完成固定资产投资 54.5 亿元。

开发夜间旅游全业态

根据雁荡山“月光小镇”建设思路，雁荡山将以“雁荡魅影、月光小镇”为主题，围绕“月光经济”产业链，以重大项目建设为抓手，实施“夜景、夜秀、夜宴、夜购、夜娱、夜宿”等夜间旅游全业态开发，以“绿色发展、优化发展、融合发展、创新发展”为原则，坚持把生态资源保护放在首位，实现保护中开发，开发中更好地保护。同时，充分利用雁荡山区域内丰富的低丘缓坡资源，盘活闲置地块资源，优化旅游服务空间布局；深入挖掘雁荡山丰富的历史文化资源，促进文化与旅游融合发展；创新新常态下旅游

雁荡山月光小镇

发展新趋势，创新发展旅游新业态，创新旅游营销方式，打造雁荡山夜间旅游新品牌。

雁荡山将以沿白溪夜游为景观带，通过白溪整治和夜景提升工程建设，恢复白溪灵动之美，结合灯光秀系统、萤火虫放养、景观植物打造，形成趣味横生、一步一景的滨河景观。推动雁荡山旅游服务综合体、狮子山天文观景平台、景观道及公共交通系统、雁荡小镇、白溪古街、台湾渔人码头、海洋梦工场、国际房车露营公园等建设，总体将以“一带一片”功能布局打造“月光小镇”。

开启“夜色灵岩”巨幕山体投影秀

“夜色灵岩”是世界首个超过8000平方米的巨幕山体投影秀，是由中国科学院浙江数字内容研究院和雁荡山管委会共同主办的雁荡山数字旅游产品。该山体投影秀依靠天柱峰独特的立面作为天然播放载体，通过世界顶尖3D技术的呈现，使夜色中的山峰幻化成各种形态，美轮美奂。

中科院浙江数字内容研究院副院长曲波介绍，与IMAX等传统银幕相比，“夜色灵岩”不仅在投影面积上远远胜出，而且影像可以与天柱峰山体完美融合，火、光、雨、电……种种华丽的特效仿佛发生在山体本身，让游客们尽情地享受极致震撼的视觉盛宴。

近年来，乐清紧紧围绕旅游名市建设，以雁荡山为龙头，加快推进雁荡山、中雁荡山、乐清湾、美丽乡村联动发展，构建“大雁荡、大旅游、大产业”发展格局，努力建设集旅游休闲、会展演艺、健康养生、人文艺术为一体的世界知名的优秀旅游目的地。“夜色灵岩”山体秀是乐清积极创建省级特色小镇——雁荡山月光小镇的重点举措之一。与此同时，还将陆续

夜色灵岩

推出的高沉浸式舞台剧、互动娱乐武侠小镇等项目，采用现代科技手段保护和开发旅游资源，利用现代信息技术管理和经营旅游资源，从而形成一种创新创意型的文化科技旅游，这将有力推动雁荡山智慧旅游建设，加快旅游产业转型升级。

地址：温州市乐清雁荡山

洞头蓝色海岛度假小镇

——唱响诗意生活的那鹿湾

洞头蓝色海岛度假小镇由洞头旅游开发有限公司、温州金桥建设开发有限公司、温州奥博置业有限公司、温州市龙野房地产开发有限公司等共同投资，规划面积 3.7 平方千米，其中，建设面积 0.9 平方千米，海域面积 1.2 平方千米。3~4 年计划累计完成投资 24 亿元，预计 2016—2018 年完成投资超过 21 亿元。到 2018 年，预计旅游业总收入实现 6.6 亿元，旅游接待人数达到 120 万人。

浙江旅游小镇创新“样板”

洞头蓝色海岛度假小镇是以海岛度假为开发重点，推动时尚休闲运动、红色文化体验、海岛民宿度假、海岛旅游观光、海洋美食度假等多业态、多功能联动发展，构筑时尚休闲与文化体验融合的海洋海岛度假目的地，努力打造为洞头旅游产业转型升级的新亮点和浙江省旅游型小镇创新发展的新样板。

根据计划，2016—2018 年将相继投资 10 亿元、6.8 亿元、4.6 亿元，基本完成小镇产业设施项目和基础设施项目。未来的蓝色度假小镇主要包括东港休闲中心、东港奥博游艇俱乐部、珑头湾海洋旅游综合体、洞头海霞军事文化旅游产业园、海岛

海岛洞头

度假民宿：鹿鸣舍

主题民宿、水岸乐园等项目，集会议、游艇旅游、海钓、别墅或民宿度假、海洋馆、红色影视基地、亲子水岸游乐场所等一体化旅游功能。

目前，东港休闲中心已完成场地平整，进行桩基施工工作，已累计完成投资8836万元；东港奥博休闲中心2013年已正式开工，样板房建设、码头区域场地平整已完成，目前正进行码头施工工作，已累计完成投资3.2亿元；海霞红色旅游文化创意园一期工程基本完成，累计完成投资1810万元；海霞游客中心尚处于项目前期；海岛主题民宿项目——那鹿湾海岛主题客栈，已完成6幢民房改建；海霞村海岛文化民宿村，基本完成村庄建筑的外立面改造、道路整治和景观建设。

胜利岙有“沉睡”的旅游资源

散落在各个岛屿的自然渔村，是海岛最大的人文魅力所在，渔村在自然渔业经济的状态下经过千年形成，它们无疑是人类历史的一笔巨大财富，也是“沉睡”的旅游资源。洞头胜利岙就是这样一个渔村，石屋建筑就地取材，依山而建，与大海、岛屿形成和谐宁静的画卷。

早在三千多年前，洞头就已有了人类繁衍生存和活动的痕迹。境域内金沙碧海，山海兼胜，四季如春，人文荟萃，168个岛屿星罗棋布，犹如明珠在万顷碧波中闪烁，清朝王步霄赞曰“海外桃源别有天，此间小住亦神仙。”近年来，洞头区大力发展独具特色的海洋渔业文化、海岛民俗文化和海洋旅游文化及闻名全国的海霞军事文化，使这个“百岛之县”处处显现着文化的魅力。

可是，洞头的海岛旅游业迅速发展，古渔村却渐渐变得落寞，有些村落人去楼空，有些地方新式的建筑不断在替代原始的建筑，与环境很不和谐，显得格格不入；有些渔村虽能跟进旅游产业，经营一些渔家餐馆和渔家民宿，但是大多处于无规划的自由状态，接待能力很有限，对游客缺乏吸引力。

“那鹿湾”创意经营迎商机

那鹿湾位于洞头北岙街道海霞村胜利岙，靠近海霞军事主题公园，背山面海，风景独家。名字出自文人之手，与温州“白鹿衔花”典故一脉相承，又缘起台湾久唱不衰的民歌“纳鲁湾情歌”，故以“那鹿湾”为名。“那鹿湾”就是以海岛特有的文化、民俗风情进行创意开发，将胜利岙这个自然村通过文化创意、保护性改造，建设为具备休闲度假、诗意隐居、住宿餐饮、亲子乐园、社交聚会、文艺沙龙、商务会议等功能为一体的精品度假村小镇。

胜利岙古渔村

石头屋

国家政策的扶持和推动让乡村创意旅游开发成为热门。那鹿湾就是温州恒邦旅游开发有限公司董事长宋胜伟全力打造的文化创意旅游项目。宋的设想是，对古渔村进行保护性改造与创意开发，让古渔村变身具备诗意栖居、亲子活动、商务会议等多种功能的精品休闲度假村。

胜利岙户籍人口 300 人，现大部分迁居在外地，在本村生活的居民大多为老人和海水作业的村民。老房子 90% 闲置，共有完整石墙建筑 42 幢，建筑面积 7560 平方米。

那鹿湾以整村形式开发建设，一共分三期。第一期对胜利岙村部分民房进行改装建设，初步体现那鹿湾民房改装设计的风格与理念。第二期对整村民房进行保护性改装建设，使古建筑资源得到最大程度的功能开发与利用，展现一个完美的旅游度假生态古村落。第三期以整岛的自然生态资源与人文生态资源和谐共建为目标，将整岛建设成为集旅游度假与休闲娱乐为一体的原生态海岛旅游胜地。

下一步，那鹿湾项目将规划开发石头屋主题民宿10多幢，让更多的人来感受“面朝大海，春暖花开”的诗情画意生活。

地址：温州市洞头区

泰顺氡泉小镇

——能泡也能玩的温泉

玉龙山温泉外景

氡泉小镇位于泰顺县雅阳镇境内，东北接苍南县，南与福建省福鼎市毗邻，项目总规划面积3.95平方千米，占地1238亩，计划用5年时间投资32亿元开发建设，预计到2019年实现旅游接待200万人次，产值23亿元，税收超3亿元。总体规划布局：两心、两带、六板块。两心指时尚休闲度假区集聚区、特色购物与文化创意街区；两带指环大峡谷旅游带、大峡谷运动休闲带；六板块指国际影视城板块、云谷板块、特色民宿与现代庄园板块、莲云谷板块、养生养老板块、特色营地与休闲运动板块。泰顺雅阳镇谋划了“氡泉小镇”，正式列入省级特色小镇第二批培育名单，以氡泉为支点，撬动泰顺旅游新的增长极。

能泡的“天下第一氡”

氡泉泉眼藏于氡泉大峡谷的火热溪水中。自古以来，因地处偏僻而不被外人所知。1973年，浙江省水文地质大队对汤泉进行水文地质调查，检测出泉水中含有氡的成分，出水量大，水温高达62℃，命名为氡泉。此后，随着氡泉声名鹊起，1997年，氡泉被评为省级自然保护区。泰顺氡泉是地球表面的水经过了38年时间，流经地壳5000米深处循环，再从火热溪泉眼喷出而形成，明崇祯《泰顺县志》载：“古眼洞坑，在雅阳火热溪旁”。清光绪戊寅

泉眼

年间纂《泰顺分疆录》中述："汤泉在雅阳水口洞旁，俗谓之火热溪，泉从涧旁小石池中涌起，四时热如汤，冬日尤烈"。经检测，泰顺氡泉是高温低矿度含氡含氟含硅，具有弱放射40多种微量元素的大温泉。氡泉浴疗源远流长，上溯至公元1468年。泰顺县诸史书记载许多疾病被"神水"沐浴得无影无踪。

2001年5月，泰顺氡泉经国土资源部、卫生部专家鉴定，被列为国家级浴用医疗热矿泉水。沐浴氡泉对高血压、糖尿病、内分泌失调、神经衰弱、风湿病、皮肤病等多种疾病有疗效，尤其对美容、美肤有显著作用，所以素有"天下第一氡"之美誉。

位于峡谷东南段的4个温泉点，规划设计成氡泉时尚休闲集聚区，西北段的莲云谷温泉点，设计成莲云谷功能区。这两块区域都以氡泉休闲为主，但定位却各有不同。氡泉时尚休闲集聚区，主打温泉休闲与观光，用一串"林间小道"，"串"起龙井瀑布、木鱼瀑布、北峰寺等景点，游客们泡完温泉可以到林间散步；莲云谷功能区，则主打乡村特色民宿，游客们可以住农家小院，吃着农家菜，带孩子们体验农家生活。

能玩的华东第一大峡谷

"氡泉小镇"规划区域面积5.9平方千米，会甲溪峡谷从小镇当中自东南往西北穿行而过，小镇围着峡谷及其周边区域，划定了一个不规则的"倒三角形"。这里被誉为"华东第一大峡谷"，闻名遐迩的氡泉泉眼就在峡谷的火热溪之中。

峡谷两侧的氡泉休闲点，风景宜人，环境优美。但以前来过的游客觉得到这里除了泡温泉就没其他好玩的，游客们往往过来泡两个小时的温泉只能打道回府。因此，泰顺“氡泉小镇”的规划建设，充分利用挖掘这里的旅游资源，用配套的游客项目留客住下了，来个深度游好好玩几天。

到大峡谷，你可以在火热溪里洗洗氡泉澡，领略周边秀美的自然风光，还可以穿过火热溪整个大峡谷最平缓的一段小峡谷，体验无限风光在险峰。景色最美的地方，不得不提及火热溪上游，峡谷最险峻且被人们称作“万丈深渊”的那一段。由于谷深路曲难行，少有“探险者”能够坚持到底，直到峡谷尽头最美处。

氡泉景区的大部分景点位于氡泉省级自然保护区内，主要景点有泉眼奇观、峡谷风光、莲头三折瀑、白巢瀑布、宝林寺、白福岩古村和塔头底古村等。

除了泡温泉，这里还可户外拓展。位于峡谷西南侧有大自然古堡乐园、特色营地等休闲运动两大功能区，以休闲运动为主，有攀岩、索滑、真人 CS 野战、射箭、马术等一大堆户外项目。如果条件允许，将来还可以发展热气球、动力伞、滑翔机、低空航空旅游等空中休闲项目。

为增加游客的“兴趣点”，氡泉小镇配有特色街区——宝林寺功能区，相当于一个泰顺特产购物点。建有特色民宿与现代庄园功能区、古村落保留区，能让游客持续体验“慢”生活。另外，打造的养生养老社区功能区，将养生与温泉旅游融为一体。

四大品牌氡泉度假酒店

温州氡泉承天大酒店：

位于浙江省泰顺县承天氡泉自然生态区，地处崇山峻岭、浙闽交界，镶嵌在浙东第一峡谷的西侧，距离世界文化遗产——泰顺古廊桥仅半小时车程。

联系方式：0577-67668888

温州大峡谷温泉度假村：

位于浙江省泰顺县雅阳镇氡泉景区内，坐落在华东第一大峡谷北坡，海拔 500 米，坐北朝南。空气清新、环境优美，可以俯瞰大峡谷全景，委婉中见雄伟，朴野中藏珍奇，堪称世外桃源。

联系方式：0577-67661000

泰顺玉龙山氡泉度假村：

位于浙江省泰顺县承天氡泉景区。玉龙山氡泉突破传统地面温泉泡浴理念，将40多个不同主题的汤池构建在半山怀抱之中，矗立于悬崖峭壁之上，沉浸氡泉池中，望眼峡谷，小桥、瀑布、劲松，白雾……

联系方式：0577-59286666

莲云谷温泉度假酒店：

位于浙江省泰顺县雅阳镇境内，隐于山间，憩于谷畔，空气清新，气候宜人。身在莲云谷，无拘无束，收起执着和态度，还你一个随心随意的世界，倾听莲花盛开的故事——自然、从容、绽放……

联系方式：0577-88908281

第九章 特色民宿客栈

民宿是指利用自用住宅空闲房间，或者闲置的房屋，结合当地人文、自然景观、环境资源及农林渔牧生产活动，以家庭副业方式经营，提供旅客乡野生活之住宿处所。民宿不同于传统的饭店旅馆，也许没有高级奢华的设施，但它能让人体验当地风情，感受民宿主人的热情与服务，并体验有别于以往的生活，因此较为流行。这股民宿客栈旅游风潮，已经成为旅游潮流的新形态。日本、中国台湾等地的民宿客栈因平民化、平价化、亲民化而广受游客之喜好。

田园牧歌式的驿站——悦庭楠舍

悦庭楠舍坐落在楠溪江畔被大片田园贯穿的泰石村内，匠心独具的田园小屋，现代感十足的无边际泳池，取材自然的内装，这里的一切毫无违和感地与周遭的稻田融为一体。这家凝聚着爱与自然的精品民宿在2014年才正式营业，就已经荣获中国最佳设计酒店“小而美设计甄选大奖”。楠舍的设计出发点来源于陶渊明的《归园田居》，主人希望通过改造乡村实现这种悠然自得的乡村生活。

悦庭楠舍的前生今世

楠舍所在的建筑原本是一座被弃用的休养院，主人小贝将建筑南面的围墙拆除改造成稻田栈道，视野更为明朗。院子里有一片开阔的草地，东南角浇筑起硕大的无边泳池。整座酒店被稻田包围，透着一股清新朴质的田园风。设计装修过程中因地制宜地把从村里回收而来的老石板及石、木、竹等天然材料加以利用，再升了一个空间，简约地勾勒出楠舍清爽利落的轮廓。

田园风光

休养院原本的房间被两两合并，虽然减少了一半的客房数，却尽可能地为住客提供宽敞舒适的住宿空间。挑高的楼层，尽量保留了老房子内原本的天花板和裸露的墙面，大面积的落地窗户保证了充足的采光，将室外的田园风情引入客房内。每间客房的阳台被隔离成独立的空间，让住客拥有相对私密的观景平台。

改造后的楠舍一共有三栋独立的建筑，设有27间客房，其中主楼一层公共区域有大堂、餐厅、宴会厅、厨房和办公室；主楼二层至四层以及二号楼为客房区域；三号楼为别墅。

悦庭楠舍的心灵空间

诗画田园

悦庭楠舍是旅客心灵的驿站，给足了美妙的空间感。整个酒店的外墙，几乎都用竹子包裹着，和边上的砖瓦房形成鲜明的对比，给人一种田园隐居之感。屋外有一大片空地，碧绿的草坪与远处的群山绿林遥相呼应。一旁的墙体则是由青石板一块一块堆砌而成，在草地和石墙之间，有一段沟渠，底部铺上鹅卵石，流水潺潺。空旷的院子里，两条青石铺成的小径在草坪上搭出整齐的线条，从草地这头一直延伸到另一头。

楠舍一楼餐厅俨然一副咖啡吧的布局，一侧的木质吧台与厅堂内的木桌皆是由深浅不一的模板拼接而成，所有的餐桌都是由当地木工挑选老木头现场制作，搭配彩色的抱枕和坐垫，让气氛变得更活泼。推开另一侧的木门，里面是个可容纳六七人的小包厢。厅内的吊灯是以竹管为灯罩，错落有致地凑成一捆高悬于木梁之上，晕黄的灯光使古朴的韵味更为浓郁。

目前，楠舍有三人房、田景大床房、田景套房、SPA房、别墅及泳池套房6种房型。房内的家具几乎都是由深浅不一的木板拼接而成，墙壁分为两段，底下一段是由木板拼搭与木质地板自然衔接，而木板之上的墙壁是以白墙粉刷而成。木质的灯架犹如篝火般搭出原始感。除此之外，木质的桌椅、木头和钢管简单搭建而成的衣架、一些藤竹编织而成的收纳盒、暴露在外的铜质水管以及毫无修饰的白色石墙等，看似简单而不简约的设计，搭配在一起和

民宿内部环境

周边环境和谐统一。

民宿虽然只有三层，但上楼有电梯，方便有大件行李的客人。进入客房后，手机会收到店家温暖的欢迎短信，不仅会告知住店 WiFi 密码和电话号码，同时还亲切地告知休息一下缓解旅途疲劳后可以去往前厅，已经备好了茶水与读物。

悦庭楠舍的浪漫主人

悦庭楠舍的老板是一对志同道合的夫妻。黑龙江人小贝在 1999 年毕业后南下，在上海工作了几年后辗转到了温州，一待就是 10 年的光景，也是在这里认识了现在的太太苗苗。两个爱玩、爱疯、爱旅游的“不安分子”从此游离到了一起，过着自由自在“诗和远方”般的生活。闲暇时，夫妇俩会经常一起游山玩水，回到浙南的温州永嘉，这片还未被完全开发的土地，众人对它的认知也少之甚少，而俩人却偏爱楠溪江的“耕读文化”，爱上谢灵运笔下古朴自然的山水田园……于是，俩人毅然决然地将理想栖居地选择在这里。

美妙空间

悦庭楠舍田园牧歌式的设计灵感来自于一次泰国旅行中，夫妇俩走访了清迈著名的两家度假酒店。回来后，悦庭楠舍的主人就在永嘉楠溪江畔开始着手打造自己脑海里的这座理想居所——楠舍。在他们的努力下，幽兰的碧池毫无违和感地与周遭的稻田融为一体，也成了来这里放松休闲的客人们颇为享受的一处场所。

虽然楠舍的建成与最初理想中的样子有着一定的差距，然而这个由俩人共同努力打造的结晶，像一个被精心培养长大的孩子一样，它曾目睹了这一年多来这对情侣恋爱过程中的点点滴滴，并见证了俩人最重要的幸福时刻——订婚仪式。在楠舍还未完全落成的时候，一半的客房还在装修中，唯有主楼方可入住的情况下，小贝和苗苗邀请了亲朋好友来此参与他们的订婚派对，众人远道而来相聚在俩人亲手建起的楠舍，以化装舞会的形式将这个重要的日子刻在了打造楠舍的里程碑上，为这个古朴的田园居舍写下了浪漫的诗篇。

旅游攻略

地址：永嘉县沙头镇泰石村（泰石小学斜对面）

交通线路：过瓯越大桥，下桥左拐往黄田方向，沿着 S223 往九丈方向，过九丈大桥左拐往泰石方向，一直到泰石村

联系方式：0577-67903333

一个乡村生活美学品牌——墟里

墟里，一个中国乡村生活美学品牌。从2015年开始运营就已荣获中国首届美宿风格大会最佳人气奖，《外滩画报》第七届最佳设计酒店大奖获选最佳“小而美”酒店。

墟里，它源于陶渊明诗句“暧暧远人村，依依墟里烟”。墟里的主人小熊希望通过自己的努力，将那些中国好的乡村生活带回日常中，在荒废的土地上重塑回归本真的故里。

现代作骨，自然为衣的墟里生活

墟里外部景观

墟里的主人小熊将“乡村生活美学”融入墟里的点点滴滴。“中国魂，现代骨，自然衣”是墟里的设计理念。

在墟里一号中被保留下来的土灶台，把可以多盖一倍房间的宅基地闲置为花园，把原本储物的地下室改造成一个私密性最好的套房，善用善待每一片旧木旧瓦旧砖。墟里二号中小熊父亲自己动手砌出水泥台阶，装上栅栏，在院里亲手栽下桂花树、金银花和已经成为墟里二号标志性景观的蔷薇花。

墟里不是单纯的酒店项目，作为一个乡村生活美学品牌，情感的寄托胜过美、商业和其他。无法速成且带着情感记忆的事物，才是墟里最珍贵的部分。

至于墟里使用的食材，提供的饮食，都如同周边村民一般的日常。各式的野菜和笋、梯田里的田鱼、溪里的溪鱼溪虾溪螺、家家户户晒的红薯干、古法制作的索面和麦饼、自酿的农家黄酒和烧酒，不时不食不再是一句炫耀的话，在现今风起云涌的民宿中，墟里是一个独特的存在。墟里所倡导的乡村生活美学复兴，将历史与人文相结合，古朴和现代的结合，为游客营造诗意和潇洒的生活。

仁者乐山，墟里一号

墟里一号置身于茗岙梯田，进可入林、退可观心。推窗即是竹林潇潇、云海漫卷。蛙鸣、柴烟、苔痕、落英，都俯拾即是。

早起第一件事就可以上露台看日出和朝霞。而雨后初霁的云雾是会跳舞的。一天中常常细雨绵绵，接着云开天霁，看见雾气升腾，在山林中弥漫开来、飘移、聚拢又散去，从一个村子到另一个村子。

梯田四季各有风情。3 月油菜花开，5 月梯田注水后镜子般的波光，入夏后的满目翠绿，秋天转为层层金黄，收割后就成为绝佳的户外平台，还有冬天雪后的寂美。循着梯田走“田坎路”，遇见青蛙、田鱼、蜻蜓，接着就迷路了。

静读

晚上散步，看着萤火虫的点点暖光在树林间游移。拿灯光一照，路边的小青蛙就定住了。举目观看，满天的星星密得像要掉下来……

一号中将保留下来的土灶台改造成开放式厨房，融入了现代简约风格又联结了家的温馨意向，让入住者在这里更为温馨舒适。

闻香

而墟里所坚持的独栋出租，让入住的客人能够完整得分配使用整栋房子，更容易产生一种“家”的依恋，住客与墟里的关系也更亲密更活泼。

智者乐水，墟里二号

墟里二号所处蓬溪村始建于南宋，是楠溪江中游风景最优美的古村之一。在墟里蓬溪，远有山、近有水，窗前稻禾，院内花香。理想乡村生活的场景，在墟里蓬溪都有迹可循。

墟里二号比之一号则有更丰富有趣的生活气息，每天赶羊、赶鸭子的村民都会经过门口的小溪，牛在窗前的地里耕田，村民在溪边洗衣服、晾酸菜、晒红薯干、酿烧酒。遇到有人寿辰，祠堂里还有连轴大戏看。上山摘叶包粽子，山泉捧起来就能喝。

墟里二号有菜园可种、蓬溪古宅可看、红枫古道可爬、东皋溪水可戏，往山的深处走有瀑布可观，春天楠溪江有桐花满地，夏天蓝莓和杨梅可以采摘，秋天有枫叶和柿树层叠的暖意。与龙湾潭国家森林公园居于山的两侧，十多分钟车程的“小三峡”游人罕至风景绝佳。

墟里二号本是小熊父亲的老房子，院子里的桂花树、金银花和已经成为墟里二号标志性景观的蔷薇花，都是他亲手栽下。比之金钱，这些无法速成且带着情感记忆的事物，才是小熊所推崇的生活美学中最珍贵的部分。

旅游攻略

地址：墟里一号：永嘉县桥下镇郑山村

墟里二号：永嘉县鹤盛镇蓬一村

交通线路：飞机至温州龙湾机场，火车至温州南站或永嘉站。墟里提供付费专车接送或包车服务。

联系方式：15067805595

微信：XuliRetreat

二维码：

有文艺有故事的客栈——花石间

花石间客栈与闻名红色旅游基地“洞头先锋女子民兵纪念馆”仅数步之遥，占地面积500多平方米，1楼是餐厅、公用休闲区，2楼和3楼共有4个不同风格和用途的客房，同时有露天泳池、观赏鱼池、自助烧烤和户外厨房等设施。老板娘亲自料理的私房菜和老板的吉他弹唱可让旅客的味蕾和听觉得到享受，是亲子活动、小型Party的首选之地。

他是琴兽小飞

都说民宿的核心是主人文化，所谓的情怀也是主人赋予的，小飞就是最好的印证。他曾经是一名民谣歌手，自称“琴兽”，在朋友眼里他是个浑身都是故事又爱折腾的男子。

花石间

2003年年初，小飞到温州和朋友组成角度乐队，辗转温州酒吧和各种商演，很快就成为圈子里小有名气的民谣乐队，唱作俱佳的小飞自然是乐队的核心。3年后，乐队解散，团员各奔东西，小飞留在了温州，随后做起了幕后和声效，又开了一家录音棚，虽然收入不错却终日奔波，实在太累。

一次去洞头玩，小飞喜欢上了这片海，喜欢这个安宁静谧、玲珑雅致里透着生机勃勃的小岛。他二话不说关了录音棚，毅然决然地卖了县城的房子，把家搬到了洞头。他依然没有停止折腾，在海霞村夫唱妇随，开起了民宿，

石槽

取名“花石间”。原本以为放弃音乐的他在某一天又重新拿起了吉他，还特地为自己的民宿写了首歌，叫《花石间》。

即便开了花石间，他也只待在里面半年。一年里的5~10月是旺季，而剩下3~5月和11月到第二年的春天，他便关门谢客，带上老婆远走云南。大理、洱海、束河、丽江，一路走一路唱，夫妻俩住在80元一天的小客栈，老婆打理做饭，小飞白天去路边边唱歌边卖自己的原创民谣CD，晚上就去小酒馆把酒言欢。就这样靠着卖唱的钱补贴两个月的一路支出，纯粹而又随性，让身边的朋友艳羡不已。

“用心”的花石间

即使只做半年生意，小飞夫妻俩仍是把所有的精力都放在了花石间上。这座独立式院落的里里外外，尤其院子里的花草、石墙、老木、藤椅、围炉，还有泳池都是夫妻俩自己设计，自己修整，只希望每个到这儿玩的人能感受到主人的用心。

泳池

花石间就4个房间，一个双人床三个大床，设计相对简单，符合主人的风格，白墙辅以原木的点缀，床上放着两个带着“花石间”Logo的靠枕，仅此而已。略出彩的反而是卫生间，温暖多彩的马赛克，铜制淋浴，尤其唯一一个带浴缸的房间，既复古又东南亚风情十足，任何一个客人看到图片，必是首选。

如果有机会入住花石间，夕阳西下的时候，一群人围坐一起，小飞拿出吉他，弹着熟悉的民谣调子，唱着现实无奈和无边远方，而你要做的，只需喝一口小酒静静倾听。

近年来，洞头的民宿开了不少，但最文艺最有故事的还属海霞村的花石间，很多人为了听主人小飞讲故事而跑到“花石间”，等到故事听得差不多了，他们也就懂花石间了。

旅游攻略

地址：洞头区海霞村

交通线路：位于先锋女子民兵连纪念馆隔壁，导航搜索“洞头女子民兵连”即可

联系方式：13906771715

周边景点：洞头海岛、北岙渔村、先锋女子民兵纪念馆

享受畲乡的风情韵味——悦慢小院

悦慢民宿坐落在美丽的文成西坑畲族镇让川村，离县城15分钟车程，与安福寺、龙麒源、百丈漈相邻，是浙江特色民宿之一，由悦慢小院、香樟小院、红枫小院、翠竹小院、畲家小院5个小院组成，具有浓郁的畲族特色。每个小院都有厨房、烧烤区、咖啡酒吧区、卡拉OK厅、棋牌室等休闲场所，不同的房间和不同的格调共有100多个床位，同时还给在住的客人提供免费泡温泉。

悦慢小院“越慢越愉悦”

“越慢越愉悦”，是悦慢之名的由来。曲径通幽处，“悦慢”草木深。曲径深处，视野豁然开朗，悦慢小院坐落在宁静的石砌四合院里，四野山色葱翠，草木掩映。木石结合的屋墙素有畲乡风情，竹木质篱笆搭配青翠欲滴的绿植环绕整个小院，隔出一块免受打扰的小院，散发着一股悠远的江南风韵，似一处时光遗忘的世外桃源。一只只红色的小灯笼加以点缀，在屋檐下随风飘摇，平添了几分清新唯美的氛围。

悦慢民宿小院

院子里飘出淡淡的咖啡香。门口一串木质标牌上，刻写着“聊天交友、自制咖啡、品茶听音乐、自助烧烤、看书发呆”等字样，再细看院子内的小木楼、木秋千、烧烤架、小茶座、咖啡吧、露天音响，伴随着清幽淡雅的音乐，整座院子都洋溢着浓郁的文艺

小院客房

情怀。

大厅是中国古典风的，又有着欧洲情调的酒吧台、小茶座，品红酒、喝咖啡，慵懒的阳光，缓慢的节奏，典雅的氛围仿佛跃然在眼前。室内随处可见字画、绿植，给人以精致的观感，眼前一亮的惊喜。二楼的客房有着不同的格调，既有木制上下铺亲子套间，也有清新的日式榻榻米房。虽说是民宿，即使是普通的标间、套间，面积与酒店有得一比了，配套设施、生活用品齐全。不同的房型，都会给人很温馨、干净而舒服的环境。

悦慢小院的“绿色生活”

悦慢民宿致力为游客营造一种慢生活、慢旅游的氛围，让您随心所欲地享受自在隐居般的绿色生活。在悦慢小院里，游客可以选择吃现成的，也可以选择自己动手做饭，烹饪时可以使用乡村特色的富有年代感的柴灶。烹饪的食材大都来自让川村，村民自己种植，一切都是绿色生态、天然新鲜和安全营养的。游客亦可以自己动手泡茶、做果汁、做意大利咖啡等。在这里，每一个人俨然像是院子的“主人”，远离尘嚣，宁静惬意。

小院绿意

在“悦慢小院”的自己烹饪形式的带动下，让川村的农副产品成了游人的手信，天然无污染深得游客的心，从此不愁销路。小院的服务员也从村民中聘请，解决了部分村民的就业。在此引导下，也推动了村民农家乐的建设，提高了村民种植农产品的积极性。如今的让川村已经吸引越来越多的游人来享受独有的宁静，越来越多的游人来此住了下来。

悦慢小院的“畲乡体验”

在悦慢游客还可以体验到丰富多彩的活动，旗袍秀、亲子游、中秋畲家长桌宴等，几乎是月月有活动，在感受生活宁静之时，还能感受畲族人民的热情，体验一番畲族家乡的风俗。

针对乡村旅游常见的“周末经济”“假日经济”，悦慢还特别推出了一些休闲度假自由行、养生行等活动，填补了非周末产品的空白，很好地解决了非周末客源不足的问题。

如果说让川村是一枚未经雕琢的璞玉，那么悦慢小院便是这块璞玉之中沉淀的精华。整个小院浸润在绿莹莹、蓝汪汪之中。小院古朴而亲切，荡在小院的木秋千上，耳边仿佛响起整个童年的声音。坐在院子里的竹编椅子上，细数星辰低垂，星光之间仿佛是记忆中与奶奶在月下摇着蒲扇乘凉的岁月。它带着那股纯洁之意，让置身于此的人暂且停下急匆匆的步履，回归一段儿时的朴实与悠然。

作为融合畲乡文化与乡村民宿的典范，“悦慢小院”散发出绚烂而又柔和的光芒，靠着自身独有的魅力，通过游客口耳相传的方式悄然住进游人的心。

地址：文成县西坑畲族镇让川村

交通线路：甬台温高速—飞云出口—56省道—县城—西坑镇—让川村悦慢小院

联系方式：13600650202

田园深处的乌托邦——雁南左舍

在自己的家乡，找一块依山傍水的好地方，盖一栋房子，每天太阳升起，阳光便能透过那整面墙的玻璃窗洒满整个屋子，闲来喝茶发呆看风景，还能顺便肆意安放自己一直以来的乡愁和各种小情怀，这些多少小文青做梦都想却基本一辈子都无法企及的事儿，包先生做到了。在自己老家乐清芙蓉镇，因为一个念想，一次路过，他和4个小伙伴便在西岭古道口，划地储水，修路搭桥，在原本无人问津，杂草丛生的村庄腹地，深山角落，磨了一年多造出了一座依山傍水的美好大房子——雁南左舍。

风水宝地

因为是芙蓉土生土长的“土著”，包先生和他的小伙伴当初选址上占尽地利人和。找寻许久，偶尔一次在村中古道口发现，这块荒废田地真乃风水宝地，背靠古道山麓，潺潺山泉从山上顺势而下，只要稍作拦截，那便成就一摊清泉。这还不够，包先生在下面开始“圈地”修路种树铺草，他理想中的民宿，不只是一栋大房子，还有沿途的风景。

到了村子，循着“雁南左舍”路牌，沿路进入到腹地看到的景观是：平整的草坪，茅草凉亭，水塘畔的白缦躺椅，这一切都是为了让你最后见到融于山水、竹榭亭台和满是落地大窗的雁南左舍。

雁南左舍

说是一家民宿，它更像是一个大庄园，无论是湖边树下还是草坪上总有能让你随处可栖的地方。在孩子的眼中这是一个奇幻乐园，手作台上做手作，无边泳池里打水仗，藕塘钓鱼，草坪上捉迷藏，园子里有采不完的果子，山涧里有抓不完的小鱼虾。

山野巧思

敞亮大堂

茅草凉亭

既不是旧居也不是老宅，从一无所有到依山而建，雁南左舍完全凭空拔地而起，合伙人之一的设计师也是煞费苦心，当然，更是巧思不断。它最让人垂涎的便是水边那5大块不间断玻璃窗，并非完全大块落地玻璃到底，而是启用略复古的传统木框。远观，和那浮着绿萍的清泉、蜿蜒竹桥、山脚的老树、独居匠心的5环青砖圆拱门长廊、如篆刻印在墙上的“雁南左舍”4个大字是如此和谐，乡村山野味儿便已初尝。再往上点看，3个“探出头”的落地大窗房间又让人觉得不失现代感，这也是设计师的初衷，山野复古与现代无缝衔接，这在一楼超大公共区域就表现无遗。LOFT的空间设计，既有现代感的长吧台和壁炉，也有长木桌、蓝染布、佛手摆件、瓷缸这类。让人惊喜的是，吧台的后方隔着的便是纯天然的山体和挂着各式大小的当地土缸，一棵湿漉漉的参天老树就这样自然地穿顶而过，继续自由生长，不拘一格，甚是野趣。

趣味房型

除了招牌大房子外，雁南左舍依山而上，做石阶造木桥，区域并不小，其实房间也只有13间，且房型有基础房、高级房、套房、亲子房、树屋不等，大家分分，每种分到也就只有一两间，所以设计师尽量将不同趣味细节散落在这些房间中。

左舍的所有房间均向南视野开阔处，超大玻璃窗引景入室，每间房间都秉承自然主义的设计风格，却又各具特色。基础房型虽无奇，却也有小小院落连带；高级房大落地窗加浴缸和躺椅，空间感和视野都极佳；套房里配备近 10 平方米的超大室内浴缸，窗下茶座小憩，抬眼处流云淡扫青山隐隐；亲子房里吊床木马摇椅游戏毯一应俱全，还私享一个带小型游泳池的超大露台。

最有意境的是沿山涧流瀑而建的林间树屋，离其他房间区域略高略远，木梯拾阶而上，山间老树山泉围绕，清晨推门便见新鲜绿叶清泉，夜晚头枕身后一片虫鸣奇峰。

雁南左舍身后是老牌西岭古道，左侧则有丹芳岭和筋竹涧古道，秋冬的

亲子房

古道，红枫绚丽，别有一番韵味，愿意走的可以直达雁荡。而雁南左舍入口处的一块块绿地是自行开发的烧烤、喝茶和休闲区域，出了村子门口就是最美雁楠公路，开车到楠溪江大若岩也就 20 多分钟，雁南左舍不缺玩的。

旅游攻略

地址：乐清市芙蓉镇包宅西岭古道

交通线路：雁荡山高速下左拐—沿雁楠公路西行—过筋竹涧前行约 2 千米—右侧转弯进入包宅村—停车往西岭古道方向—到达左舍

联系方式：15705776677

演绎诗和远方的地方——迷途·三盘

依托南麂列岛三盘尾景区的天然景观资源，融入北美粗犷的原木结构风格，为游客提供静谧的度假休闲空间，打造温州地区富有风情的海岛度假地，这就是平阳南麂岛上最有腔调的民宿客栈——迷途·三盘。

重量级别的迷途民宿

民宿的味道是要有民的味道与宿的情怀。远离城市的喧嚣，置身南麂岛，落脚于迷途·三盘民宿客栈，倾听旅者讲述一段段故事，与志同道合之人畅谈情怀，这可能便是迷途·三盘民宿真正的意义所在。

迷途·三盘民宿客栈的诞生曾经突破重重难关，拆除三盘尾杂乱无序的摊点，绿化优化景区入口公园景观，有序整治环境面貌……一期工程一出炉便引来不错的反响。全木质格调的独栋海景木屋，通透的落地窗设计，房间内还特意保留了大岩石，而且就立在原来的位置，这样仿佛让人身处大自然，

迷途·三盘

更能亲近大自然。夜晚伴着海浪声入眠，清晨在阳台远眺窗外风景，整个三盘景点一览无余。漫步屋外，步步生花处处美景，好像时刻在经历着一场场充满惊喜的冒险。

该项目共计引进民资3000万元，目前接待主楼设有10个客房，独栋海景木屋9个，建成临海餐饮包厢、露天草坪餐位。2016年主力布置二期工程，包括三盘尾景区停车场生态公厕、游步道户外演艺舞台等基础设施配置。

依山而建，临海而居，后隆村入口的迷途·后隆民宿客栈也正在如火如荼进行。号称“国内罕见的悬崖洞穴酒店”拥有后隆渔村的原始海景风貌，富有想象力的创意设计无可复加，共有23个体态不一的创意型客房，是绝佳观日出、赏日落的好去处。

一批批重量级的民宿客栈在南麂岛上遍地开花，这代表着南麂旅游正逐步迈向精品化、高端化。

旅者回归民宿情怀

在南麂岛上的生活是清闲的，走出民宿，在沙滩上看潮起潮落，漫步在细沙上，轻抚清澈的海水，海风习习，沐浴着带有丝丝咸味的海风，尽情享受日光浴。又或躺在草坪上，或坐在长椅上，听着优美音乐，串点些浪漫事，惬意盎然……等到夕阳西下，移步民宿观景，一缕缕霞光照耀着海面上的波澜，三三两两的渔船点缀，仿佛一幅海景画，美不胜收，沉浸在醉人的夜色中，享受一段无人打搅的时光、一种休闲自在的生活，这不再是电影里才能看到的场景，而是近在咫尺就能享受归属民宿的真实体验。

主楼

中国几十年快速增长的城市化，相伴随行的是离开乡村进入城市人群的“愁乡”情怀。海岛民宿是旧有乡愁与新式乡土相结合的产物，它超越了一般性乡村的简单陈列，又有别于城市单调的居住业态，城市简单复制的空间形式，在满足基础住宿的功能上，融入了人性化的情感、温馨、怀旧情结，加之岛上居民有着截然不同的社会结构、思维方式和行为准则，让乡愁成为可以触摸，更可以深层探入的记忆。

旅者身处南麂岛，回归民宿情怀，海岛民宿给予他们一个自我构建的环境，这也是一场人与自然相互“回归”的结合。当人们徘徊于城市与海岛之间，内心松弛的情绪，精神世界的升华，民宿情怀成为了民宿发展的萌芽，给予了民宿成长的“滋润土壤”。

三盘尾海景

正是利用这一“土壤”，独到的民宿成功使“土壤”呈现出开花结果的万象。为了吸引游客在南麂岛上停留过夜，民宿设计者搭载着巧思，民宿装修风格结合海岛元素，显得既有艺术氛围，又温馨浪漫，民宿内还设有海景泳池、影视娱乐厅，除了满足来岛客居住的需求外，还可以有更多的休闲选择，越来越多的游客选择停下脚步，留在岛上过夜。

民宿联盟的春天来了

海岛民宿旅游是“旅游 +”现实载体的升华版，是一种深度的、休闲的、度假形式的乡村旅游模式，而发挥各类海岛旅游资源优势，让游客住得舒心，是发展海岛旅游的一大基石，因此民宿成为未来承载海岛旅游不可或缺的生力军。“颇有情调”的民宿，可为当地的自然景观以及民俗风情增添一份灵动，同时也为海岛旅游创造更多的可能。

如今，南麂岛的民宿如雨后春笋般迅速成长，以星火燎原之势迅猛发展，它们不是独立存在，而是有所依附，岛上的“食、宿、行、游、购、娱”旅游六要素不断健全，旅游全产业链粗具规模。如今，南麂岛以国家 4A 级景

休息露台

区创建为载体，向“南麂旅游高端化改造工程”迈出新步伐，对南麂旅游高端化布局，结合南麂渔村特色，开启三盘尾村的北美风格小村、后隆村的圣托里尼风情小村、国姓岙村的英格兰风情小村、火焜岙村的南麂风情小村、马祖岙、三脚寮的台湾风情小村等具有国际海岛风格“五岛”特色小村建设。据投资方介绍，“五岛”特色小村项目总规划面积约 950 亩（含用海面积 180 亩），总投资 19500 万元，1 年完成主体工程，3 年完成项目建设，通过 3~5 年的努力，为岛上再添五道亮丽的风景线。

南麂岛上民宿数量的增加，推动了海岛民宿整体的发展，出游海岛的游客有了更多元化的选择，也让渔农民吃上鲜美的“海岛饭”。但同时也可能出现“民宿多游客少”的尴尬状况，时下完善海岛民宿走上标准化、规范化，精心设计，周到安排，让每一位游客得到物超所值、流连忘返的体验，才能做大做强迷途·三盘民宿客栈效应，使海岛民宿成为南麂岛汇集众多游客的一张闪亮金名片。

旅游攻略

地址：平阳县南麂列岛三盘尾景区

交通线路：游客到平阳县鳌江港客运站坐船（需实名制提前在官网预订，www.zjsajgw.com，凭二代身份证在窗口取票）

联系方式：18857786377、13868001732

青灯下的山居云想——青灯山舍

一篇《青灯山舍记》

青灯山舍

青灯山舍位罗山之半高岗，视野广阔。日闲，坐观景台上，远眺云卷云舒，仰观群峰叠翠。觉风摇树影，听山禽和鸣。听闻皆至纯也！主人青灯先生，即金成君。蓄一绺长髯，颇有仙风道骨之气。张君安于冲旷，不与众驱。做事稳妥，志存高远。京山之上，乃自力村，有破旧农舍十数间。青灯先生看中此地清幽，隐士不至，实为高爽虚辟之地。遂租山民弃居之舍，投巨资，招工匠，精工细活近一年有余，已粗具规模，有品茗之所，有读书之室。捧半杯清茶，观浮沉人生。找一本好书，便欣然忘食。承罗山之精髓，延罗山之文脉。实为大罗山点睛之作也。青灯会舍景清幽，承载罗山岁月悠。湿地渔灯惊飞鸟，长空明月影波流。登高常聚谈天地，落席相逢看春秋。室雅何必花点缀，心平不羡住高楼。

一个充满禅意的世外桃源

青灯山舍是一家充满禅意的庭院民宿，隐匿山中，由小径寻行，复见错落有致的台阶，绿树环绕的屋宇，而池塘里的蛙鸣声，完美地将自然韵律的动与悠悠禅意的静结合在一起。这使居住在民宿的游客，如同寻入了世外桃源，感受着来自大自然的清新魅力。

一号庭院：云想

二号庭院：心澄

三号庭院：汲泉

青灯山舍位于温州市瓯海区茶山京山村，背靠大茶山，面向温州城，视野开阔。京山村村民多在20世纪90年代迁居山下，仅剩几位老人留守。青灯山舍即利用村中的几十间民居进行修复、改造而成，共分为“云想”“心澄”“汲泉”三个庭院，其中一部分为“青灯书院”藏书、讲学以及举办“云想”艺术展览之处，另一部分则为各种主题丰富的庭院，供度假休闲之用。青灯山舍秉承“保护与利用”两大原则，完整保留了传统村落“山水—村落—农田”的原始生态格局，通过民居改造将农业生产、茶叶销售及农村闲置房开发等要素串连在一起，由此焕醒了古村落的新生。

青灯山舍中一切的元素均是以顺地势而为作为发想，来自大环境所给予的灵感。这里庭院的自然景色丰富多变，散落的房舍采用保持宁静、古朴的格调。简单的空间因自然景色而顺其变化，产生不同的气氛与情绪。如此顺应“率意天成”“融于自然”的想法，与中国古典园林所体现的天人合一的中心思想不谋而合。而茶室及书房的空间所呈现的主题，就是希望大家能够来到此地，随心而坐，聊天品茶，悠闲地体验山舍的景致，随性地游走在这内外虚实、处处是景的大环境中。摆脱城市的疲倦，享受自然所带来的舒适，调节愉悦的心情，放松自我，融入自然。

一座建在深山中的文化驿站

青灯书香

青灯山舍，光听这名字，便让人产生无限联想。青灯山舍自2015年正式揭下“红盖头”后，已成为瓯海区首个文化驿站，也是温州市一座建在深山中的文化驿站。

青灯山舍所在的山村由于距离山崖边不远，所以显得格外清静，藏身山中额山舍，房子的围墙上印迹斑驳，房间内的墙壁上悬挂着各类画作，房间里还能看到摆放整齐的《温州老照片》《温州先贤图谱》等与温州历史相关的书籍。

青灯山舍投用后，瓯海区文化部门将把它作为一个高端的文化交流基地向全市进行展示，同时还定期在青灯山舍举办高雅艺术鉴赏活动，将其打造成为思想交流、人才集聚、文化创造的高端艺术交流平台。

旅游攻略

地址：瓯海区大罗山京山村

交通线路：从温瑞大道新附一医北路进到转盘处走大罗山公路上山，车朝“香山寺”方向开，在路上见京山村老人协会活动中心的牌子后，继续前行一千米路见“心安禅寺”大石头牌子，左转到底就到了

联系方式：13566285599

微信：dlsqdss

一座建在深山中的文化宫

第十章 红色旅游示范基地

红色旅游主要是以中国共产党领导人民在革命和战争时期建树丰功伟绩所形成的纪念地、标志物为载体，以其所承载的革命历史、革命事迹和革命精神为内涵，组织接待旅游者开展缅怀学习、参观游览的主题性旅游活动。温州革命老区众多，红色旅游资源丰富，创建的一批红色旅游示范基地成为温州旅游一道别样的风景线。

温州革命烈士纪念馆

温州革命烈士纪念馆

温州地区具有悠久的革命斗争历史和光荣的革命传统，早在1924年逐步建立了共产党组织。为了缅怀先烈、继承遗志，温州地区专署、温州市市委决定于1956年在江心屿建立“温州革命烈士纪念馆”。

位于国家4A级旅游景区——江心屿内的温州革命烈士纪念馆，原名“温州区革命烈士纪念馆”，前身原为龙翔寺，建于北宋开宝二年（969年），该寺新中国成立前已破坏无遗。1956年平整地基，为纪念浙南地区在各个革命时期牺牲的烈士建设了温州区革命烈士纪念馆。1987年8月1日，由温州市民政局报经中共温州市委办公室批准改为温州革命烈士纪念馆。

纪念馆由瞻仰广场、纪念碑和陈列馆三部分组成。中国工农红军挺进师纪念碑和中国工农红军第十三军纪念碑矗立在同一个碑座上，碑座两侧分别为反映红十三军“风起云涌”和挺进师“胜利转移”革命英雄形象的浮雕。陈列馆为二层歇山顶仿古建筑，分设三个展厅和一个接待厅。

展览内容按历史时期划分，分别展出谢文锦、刘英等115名烈士事迹，结合宣传1919年“五四”运动以来浙南革命斗争历史，突出宣传红十三军的悲壮历程和挺进师的艰难岁月，颇具特色。珍贵革命文物有中共浙江省委书记刘英在红军时代穿过的带补丁的军棉裤；有和鲁迅合影的木刻家林夫刻制的国内第一幅毛泽东肖像木刻；陈列展品中还有朱德、彭德怀、邓颖超、杨尚昆、萧劲光、杨得志、罗瑞卿、叶圣陶、郭沫若、粟裕、叶飞等党和国家领导人为温州烈士或烈士纪念建筑的题词、信件（复印件）。

纪念馆展厅大门

温州革命烈士纪念馆自 1998 年开始实行免费参观，是弘扬中华民族优秀革命历史和爱国主义教育的重要窗口。1988 年 1 月纪念馆被浙江省人民政府确定为省级重点烈士纪念建筑物保护单位；1995 年 1 月被中华人民共和国民政部命名为爱国主义教育基地、浙江省爱国主义教育基地和国防教育基地；2001 年 4 月经国务院批准为全国重点烈士纪念建筑物保护单位。

作为爱国主义教育基地，纪念馆承担着褒扬先烈、教育人民的历史重任，承担着对广大青少年进行爱国主义教育和革命传统教育的光荣使命，是党员学习革命传统、陶冶道德情操的重要课堂。纪念馆充分利用地处风景区并结合重大节日和旅游旺季的特点，举办各种展览参观悼念活动，力求做到参与面广、团体数多，使纪念馆充分发挥自身在爱国主义教育活动中的显著作用。据了解，该馆每年接待党政机关、企事业单位、部队、大中院校中小学和社会团体 200 多个，近 15 万人次。

旅游攻略

地址：鹿城区江心屿景区内

交通线路：市区出发，驶入望江东路，沿着路标前行到达江心码头，乘坐渡轮至江心屿景区。也可乘坐 28 路、41 路、51 路、68 路、71 路、92 路公交车至江心码头站下车

联系方式：0577-88201022

门票：免费

网址：http：//www.chinamartyrs.gov.cn

浙南（平阳）革命根据地旧址群

浙南（平阳）革命根据地旧址群处于平阳县南部，坐落在南雁荡山境内，是浙南最早的革命根据地之一。作为中国工农红军挺进师、中共闽浙边临时省委与中共浙江省委的活动中心，素有“浙江延安”之美誉。

红色历史贯穿着平阳的每一寸土地，书写着革命历程的艰难和喜悦。1935—1936 年，刘英、粟裕率中国工农红军挺进师在平阳、泰顺、福鼎、文成、瑞安一带建立了浙南游击根据地；1938 年 1 月，中共闽浙边临时省委在平阳山门畴溪小学创办了南方 8 省 14 个革命根据地唯一的抗大式干部学校——闽浙边抗日救亡干部学校；1938 年 3 月，粟裕率新四军第三支队第七团队从平阳山门出发，奔赴皖南抗日前线；1939 年 7 月，中共浙江省第一次代表大会在平阳凤卧召开。

出征门

中共浙江省一大会址

新四军合唱团在纪念碑前合影

如今，革命圣迹形成红色革命史迹、闽浙边根据地史迹、中共浙江省一大史迹、烈士纪念馆史迹和粟裕大将骨灰敬撒处五大板块的革命圣地景观群，并以“挺进师”和“省一大”为主题，建成工农红军挺进师纪念园、中共一大纪念园和大屯红军村三个核心区。目前，红色景区框架已初步形成，山门的红军挺进师纪念园主入口主体工程已完工，凤卧的省一大纪念园后续工程正有序拓展。

2005 年，国家发展和改革委、中宣部、国家旅游局等 13 个部门正式发文，将以平阳山门、凤卧为中心的浙南（平阳）革命根据地，列入国家 30 条“红色旅游精品线路”和 100 个“红色旅游经典景区”名录。2009 年，浙南（平阳）革命根据地旧址群荣膺温州市第四批全国爱国主义教育示范基地，此后每年清明、7 月党建纪念日、国庆节，参观学习、缅怀先烈、了解历史、接受爱国主义和爱岗敬业的主题教育活动的市民纷至沓来。

在红色故事的渲染下，红色旅游成为促进平阳经济发展的又一动力。山门镇的马蹄笋、早香茶、无污染瓜果蔬菜等特色农产品，凤卧镇的长寿面、番薯粉丝、糯米红酒产销两旺，农业、旅游业等相关产业引领当地人就业。同时，依托南雁荡山明王峰景区，带动山门永安村、大屯村、满田农场、红军楼农家乐等周边乡村旅游发展，红色旅游融合生态旅游、乡村旅游，主推“红色 + 绿色”“红色 + 乡村”等系列旅游产品，形成“红色旅游吸引人，绿色旅游留住人”的平阳旅游特色。

红色记忆，不只是过去的故事，还有对未来的期待，在传承红色传统的路上，只有起点而没有终点。

旅游攻略

地址：平阳县山门镇、凤卧镇景区

交通线路：

1. 自驾：甬台温高速，下萧江 / 龙港出口，过萧江收费站后沿 G104 向水头 / 鳌江方向行驶，之后沿 S057 省道、泾川东路、灵内线到达凤卧、山门镇

2. 公交：坐长途车至温州南站客运中心，坐温州至水头的快客，约 1.5 小时的车程，抵平阳县水头镇，然后从客运站门口搭约 15 分钟一班的中巴车，至山门、凤卧镇，需十几分钟车程

联系方式：0577-63802800

门票：免费

附近景点：南雁荡山景区、顺溪知音涧景区、青街畲乡

永乐人民抗日自卫游击总队纪念馆

永乐人民抗日自卫游击总队纪念馆

永乐人民抗日自卫游击总队（简称永乐总队）纪念馆，坐落在乐清市芙蓉镇泽基村，是为纪念抗日战争时期我党领导在浙南开展武装抗日的主要部队——永乐总队而建立的，占地 6.1 亩，总建筑面积 1920 平方米。该馆建于 1997 年，原国防部张爱萍部长题写了“永乐人民抗日自卫游击总队纪念馆”馆名，2006 年经乐清市委、市人民政府决定对原馆进行扩建，于 2009 年 10 月建成重新对外开放，成为浙江省国防教育基地、温州市爱国主义教育基地、乐清市革命传统教育基地。

展厅前言

先烈事迹

永乐总队纪念馆展示了1944—1949年乐清市及浙南诸县抗日解放斗争的历史和浙南游击队括苍支队成立壮大的经过，重点介绍了日军侵略乐清及其暴行、乐清人民奋起抗日的经过以及虹桥起义、永嘉屿北起义、永乐纵队的成立、括苍支队成立等内容。纪念馆的陈列布展主要分为建党历程、抗日烽火、解放风云、老区新貌4个展厅，通过陈展大量反映革命斗争的珍贵图片文字资料、实物（图片572幅、实物108件）的同时，充分利用现代高科技手段，采用雕塑、场景复原、幻影成像、动态景箱、动漫视频、沙盘模型、军事互动游戏等不同形式，生动逼真地展示了主要人物、主要会议、主要战斗、日军暴行、地下交通、游击生活、游击区域等场景，全面翔实地反映了新民主主义革命时期乐清（括苍）党和游击队进行长期艰苦卓绝斗争的历程及其所取得的辉煌成果。

永乐总队纪念馆是乐清抗日革命的标志和象征。纪念馆全面展示了乐清党史上的重大事件和重大决策、党组织从成立到不断壮大、从迎来新中国到进入21世纪数十年间风起云涌的历史过程，形象地再现了中国共产党领导乐清人民群众为实现民族独立、人民解放和建设新乐清做出的巨大贡献，生动地展示了革命先烈在乐清这片热土上留下的光辉足迹，使参观者能深切感悟到尊重历史，铭记历史，传承历史，才能让我们更好地坚定理想信念，牢记党的宗旨。

纪念馆的开放，给广大党员干部群众和学生学习了解乐清（括苍）的革命斗争历史，开展革命传统教育、爱国主义教育、国防教育和党史教育，提供了生动教材和重要场所，尤其对青少年思想道德的培养更是直接有效，同时纪念馆也推动了乐清红色旅游的发展。纪念馆作为党史学习的重要载体，让前来参观的人们接受了革命精神教育的同时，也为当地的“农家乐”等旅游产业带来商机，使红色旅游和爱国主义教育完美结合，两者相辅相成。

旅游攻略

地址：乐清市芙蓉镇泽基村

交通线路：乐清市区宁康东路—绅坊动车站—双尖凤隧道—虹三线—杨岭公路—中兴路—永乐路—珍上线—泽基村永乐人民抗日自卫游击总队纪念馆

联系方式：0577-62289700

门票：免费

附近景点：雁荡山、中雁荡山

中国工农红军红十三军军部旧址

红十三军纪念碑

五鹈村，位于楠溪江上游、岩头村西北约6千米处。该村的四房祠堂，是当年中国工农红军第十三军军部所在地。如今，该军部旧址南侧七八十米处的山岗上，矗立着红十三军纪念碑。碑高10米，张爱萍将军手书的“中国工农红军第十三军纪念碑”13个熠熠生辉的金色大字，镌刻在碑体的青石上。

永嘉是浙南革命的源头，永嘉的先进分子首先点燃了浙南的革命圣火。党的初创时期，永嘉的谢文锦、胡公冕加入中国共产党。1924年，中共温州独立支部在永嘉城区建立。1921—1927年，永嘉的谢文锦、李得钊、金贯真、郑恻尘、胡识因等13人，受党派遣先后到苏联莫斯科学习。参加早期黄埔军校学习的达30多人，这为后来红十三军在永嘉建立创造了人才条件。

1930年5月3日，永嘉五鹈村建立了红十三军军部，5月9日攻下枫林后，浙南红军游击队统一编为红十三军。红十三军是土地革命战争时期，在浙江创建并领导的一支农民革命武装，是受党中央直接领导、并被编入中央军委正式序列的全国14支红军队伍之一。

在红十三军斗争的年代里，浙南1700多名共产党员和红军战士为革命献出了宝贵的生命。他们对革命事业忠心耿耿，在战场上出生入死浴血奋战，在监狱里铁骨铮铮坚贞不屈，在刑场上视死如归正气凛然，英勇的红十三军，是这片热土上矗立的一座血染的丰碑。

红十三军红念馆是一座古典式的建筑物，于2000年落成，占地面积1526平方米，2010年，两次进行扩建，现占地面积约2320平方米。它和雄伟壮观的纪念碑、古色古香的军部旧址互相呼应。四周绿树掩映，风景秀丽，一年四季游人不绝。

红十三军军部旧址

馆内陈列着红十三军的历史资料和红军战士曾经使用过的土炮、刀枪等实物及图片。纪念馆天井两廊，镌刻着红十三军部分指战员烈士的生平。大厅内展示的是有关红十三军的图片，共由六个部分组成：第一部分为全国14支红军系列；第二部分为红十三军组建的历史背景；第三部分为红十三军的建立；第四部分为红十三军战斗历程；第五部分为反“围剿”斗争失败和策略转移；第六部分为红军精神薪火传承。

红十三军军部旧址也是五鹤村的胡氏四房宗祠。正门上方横匾镌刻着原国防部部长张爱萍上将题写的“中国工农红军第十三军军部旧址”14个大字。该祠堂是一座口字形的古建筑，是省级重点文物保护单位、省级爱国主义教育基地。馆内介绍了红十三军军长胡公冕、政委金贯真和政治部主任陈文杰的部分革命事迹。

旅游攻略

地址：永嘉县五鹤乡五鹤村隔岸降山头山东麓

附近景点：龙瀑仙洞、林坑、四海山

中国工农红军挺进师纪念馆

中国工农红军挺进师纪念馆，坐落在浙江省革命老区九峰白柯湾，于2001年6月开始动工修建，2002年落成，占地面积5000平方米。

1935年2月初，中国工农红军挺进师在江西省横峰县组建。1935年10月中国工农红军挺进师在刘英、粟裕的领导下挺进闽浙边，与叶飞领导的闽东独立师一部在泰顺九峰白柯湾会师。之后，立足泰顺东部山区，在白柯湾村的一座小宫庙里召开第二次联席会议，正式宣布闽浙边临时省委和省军区成立，刘英任省委书记兼军区政委，粟裕任组织部长兼军区司令员，叶飞任宣传部长兼中共省委书记，在闽东地方党组织的配合下，创建了以泰顺、福鼎、苍南、文成等县为中心的浙南革命根据地，从1935—1949年5月泰顺全境解放，白柯湾这块英雄的革命圣地，留下了长达14年之久的革命斗争历史。许多平凡而伟大的无名和有名的革命英雄，不惜抛头颅、洒热血，在泰顺的青山绿水间与反动派展开不屈不挠的斗争，为夺取新民主主义革命的胜利，立下了不朽的功勋。如今，白柯湾村成了温州市重要的革命传统教育基地和爱国主义教育基地。2005年1月31日，省人民政府命名该县中国工农红军挺进师纪念馆

中共闽浙边临时省委成立旧址

中共闽浙边临时省委成立八十周年纪念活动

为浙江省国防教育基地。

九峰省级风景名胜区地处第二次国内革命战争时期闽浙边境革命活动的中心地带，包括“红军路”、小九曲景区、九里溪景区、秀涧景区、峰文峡谷景区等，其中“红军路”为该风景名胜区的核心。如今，一条连接峰文大战遗址、双溪口红军山洞医院、浙南特委成立旧址小南山、浙闽边临时省委成立旧址白柯湾及红军挺进师纪念馆的公路，贯通九峰、松洋和峰文，成了一条著名的“红军路”。沿着“红军路”，你随时可以寻找到刘英、粟裕、叶飞等老一辈革命家的战斗身影。

旅游攻略

地址：泰顺县九峰白柯湾村

交通线路：

1. 自驾：

A 线：新 58 省道—泗溪九峰风景区—红军挺进师纪念馆—浙闽边临时省委成立旧址—古洞坑—赤岩洞—浙南特委成立旧址—红军山洞医院—分水关

B 线：分水关—红军山洞医院—浙南特委成立旧址—赤岩洞—古洞坑—浙闽边临时省委成立旧址—红军挺进师纪念馆—九峰风景区—泗溪

2. 公交：小巴士罗阳—泗溪　罗阳—九峰

附近景点：廊桥文化园、胡氏大院、乌岩岭、承天氡泉

第十一章
省级运动休闲旅游示范基地

运动休闲旅游示范基地是指依托单个运动休闲资源，具备旅游功能，提供健身、休闲、观光、度假、养生、文化、娱乐等服务，且规划保障到位、运动休闲特色明显、旅游服务设施完善，经济、社会和生态效益良好，辐射作用较强的景区或项目基地。一般要求具有3项以上（含3项）骑行、徒步、登山、攀岩、漂流、冲浪、海钓、潜水、滑雪、滑草、游艇、无动力滑翔、高尔夫、网球、马术、汽车拉力、CS、狩猎等不同的运动休闲特色项目。

瓯海泽雅大峡谷营地休闲旅游基地

总长2000米、占地270亩的泽雅户外拓展项目在泽雅风景区落户，成为全市最大户外拓展基地，温州休闲游乐项目清单中又添新选择。

瓯海泽雅大峡谷营地休闲旅游基地于2014年9月交付使用，为泽雅风景区的重点项目，其目标是继续完善基础设施建设，加快户外拓展项目的全方位开放，打造一个漂流、户外拓展运动、徒步、登山、漂流河道设计、人员培训、漂流皮筏艇生产等综合的旅游服务基地，同时与周边景点相连，形成一条集运动健身、休闲度假、观光美食为一体的精品旅游线路。

基地内有高空溜索、飞檐走壁、玻璃桥、梅花桩等21种拓展娱乐项目。基地依托地势，设于泽雅大峡谷溪流之上，临山傍水，与周围的葱竹茂林、水帘瀑布、悬岩峡谷、卵石溪滩相映成趣，让游客在观赏、游乐时得以激情

激情漂流

高空溜索

体验。在现场，你穿戴好安全设备，向下面朝溪流，在落差50多米的高空快速滑行，掠过山林绿树，听着风声在耳边呼啸，或攀扶着空中网墙，晃晃悠悠地向山那边前进，脚下就是湍流的瀑布，仿佛置身空中，被绿水青山包围。为方便游客，基地里还专门设置了游览观光通道，游客可以在通道上漫步，赏玩美景，静静地感受山中清新的空气。

基地附近还有七瀑涧、四连碓造纸作坊群、琦君故里庙后度假村、寂照寺、永宁桥等景点，游客可以在感受完拓展的激情后，到基地所在的浙江省农家乐特色示范村下庵村，品一品当地农家特色菜肴，稍作休整，然后继续出发，探访泽雅丰富的人文历史和秀丽的美景。

旅游攻略

地址：泽雅镇下庵村七瀑涧景区入口处

交通线路：

1. 瞿溪—泽雅镇—景区
2. 金丽温高速双屿下—经藤桥—泽雅镇—景区

联系方式：0577-88992570

门票：漂流120元/人，拓展120元/人

网址：http：//www：wzzypl. com

微信：zypltz

文成绿水尖滑雪滑草场

绿水尖滑雪滑草场是绿水尖休闲生态农庄开发的首期项目，位于文成县西坑畲族镇石垟社区，东临文成第二高峰——绿水尖，西交石垟社区，南至56省道（石垟社区段），北接石垟松树头小林场。

绿水尖滑雪滑草场以特色体育旅游——冬季滑雪、春夏秋季滑草等户外运动为主线，与周边百丈漈、安福寺、铜铃山、猴王谷等景区相互补，非常适合旅游休闲观光。

冬季滑雪

春夏秋季滑草

绿水尖滑雪滑草场年平均温度为12℃，是个天然的森林氧吧，旅游资源十分丰富，已被评为浙江省运动休闲旅游示范基地、温州市自助旅游营地驿站。因其特色的体育旅游模式，还曾被浙江新闻联播推荐为省内短途游最佳选择地之一。

绿水尖在海拔约1000米的山顶，三面环山，一面敞开，地理环境十分优越，是名副其实的高山森林滑雪场。每年的冬季都会下好几场雪，白雪皑皑，银装素裹，再加上绿水尖滑雪场配备了10多台先进的人工造雪机，实现了温州人在家门口滑雪的梦想。

篝火晚会

绿水尖滑雪场的雪道总长度330米，两侧都是茂密的树林，它们可以使中间雪道的温度得以保持。虽然雪道在树林之间，但它的宽度却达到了80米，加上它足有330米的长度，拥有24000平方米的滑雪区，是浙南闽北最大的高山户外滑雪场，可同时容纳2000余人滑雪、戏雪。为了让游客滑雪体验更加真实，滑雪场的积雪厚度自开业以来始终维持在1~1.5米。在设备方面，绿水尖拥有多台美国最先进的SMI超级北极豹、SMI超级雪神造雪机，有国际最先进的魔毯运送带、专业级进口单双板滑具和雪鞋2000副及双层雪圈200个，还有5台型号大小各异的雪地摩托等现代先进戏雪设备。

春夏秋之际，2万多平方米的滑雪区，白雪消融，绿草丛生，摇身一变，变成了滑草场。景区内为游人配备了专业滑草装备300余套，是省内为数不多的专业滑草场之一。游客可以在蓝天下的坡顶，远望无尽群山，迎着春风、蝉鸣，驰骋在绿野丛中，没有茫茫白雪，没有身后两道滑痕，只有广袤的绿野碧浪和一望无际的蓝天白云，豪情骤生，夏天的清风掠过整个身心，快意凉爽。

在草场上，人们可以享受浪漫露营，身临山关与水色之间，心旷神怡。深夜，沐浴在月色与星光之中，尘嚣间的浑浊仿佛顷刻洗涤透彻，骤觉心游宇宙，身心惬意。夜晚，点燃游客热情的就属篝火晚会了，当篝火燃起，音乐激荡，人们尽情享受山间的狂欢，抛开烦恼，丢掉压力，此刻人们都是夜间起舞的精灵。

景区内森林茂密，风景秀美，绿水尖滑雪滑草场以它特有的体育旅游模式吸引了众多人的青睐。同时还配备了四季滑道、两个生态游泳池以及射击场、烧烤KTV场地等，确实为省内短途游的最佳选择地之一。

旅游攻略

地址：文成县西坑畲族镇石垟社区

交通线路：自驾走甬台温高速至飞云高速口下，沿新56省道至文成县城，过县城往龙川方向走新56省道至西坑，从西坑往石垟林场方向走10千米即到

联系方式：0577-67750999

门票：周一至周五228元/人，周末298元/人，节假日328元/人

住宿：天鹅堡度假酒店、迷途·绵岭客栈

楠溪江百丈瀑景区登山项目

百丈山居

永嘉县大若岩百丈瀑景区（简称百丈瀑景区）位于永嘉县大若岩镇府岸村，是县政府重点招商引资项目。2016年，楠溪江百丈瀑景区的登山项目荣获浙江省运动休闲旅游优秀项目。

百丈瀑景区是楠溪江风景名胜区的重点组成部分，历史悠久，景区于2014年10月1日隆重开业。景区建设了绕瀑布的山上5千米长的健身游步道、集餐饮住宿于一体的百丈山居、百丈十二房、楠溪民俗长廊、将军书画馆、毕至堂（茶座）、咸集轩（健身中心），以及集攀岩、真人CS、射击场、钢索横渡、综合五项等惊险刺激项目于一体的户外拓展运动。

挑战不可能

百丈瀑景区资源丰富，特色浓厚。景区内植被覆盖率高，空气清新，提供了良好的登山健步道建设条件。百丈瀑健身游步道由400余米的栈道和5600多米的游步道组成，游步道从景区入口起临水而建，围绕登山线路曲折而上，路经嘉福寺、狮子下山、好运石、大地之父、悬棺之谜、锁心台、同心钟、将军岭、点将台、千佛崖、天烛峰等特色景点，可容纳登山健身游客6000人次以上。景区内景点繁多、峡谷幽深、奇峰险崖，丛林百态，集“雄、奇、险、秀、幽”于一体，汇“峰、瀑、

将军书画馆

溪、林”于一地。移步换景，气象百态，意境无穷，是旅游观光、户外拓展、休闲度假的世外桃源。

景区得天独厚的天险和地势，吸引了全国、世界知名的极限运动达人来此地怡情山水，真情表演。2015年7月底，中国自行车王子——王健光就选择在家乡的楠溪江百丈瀑景区，训练单骑5辆自行车高空横渡钢索。他也带着这个绝活到北京，参加中央电视台的《挑战不可能》节目。2015年12月，中央电视台摄制组千里迢迢，专门利用百丈瀑景区的旅游环境来拍摄中国首批非物质文化遗产“达瓦孜”《世界吉尼斯纪录》中外选手挑战赛，这是一场“中国高空英雄”和“欧洲高空王”之间的高峰对决赛，主角分别是来自瑞士的曾创下24小时不间断走钢轮而被誉为“死亡之轮”世界纪录的弗雷迪·诺克，以及在百丈瀑进行中国非遗“达瓦孜”70天高空极限挑战，保持多项吉尼斯世界纪录的艾斯凯尔，他们挑战200米×200米高空钢丝行走最快吉尼斯纪录。

旅游攻略

地址：永嘉县大若岩镇府岸村

交通线路：

1. 诸永高速枫林出口—楠溪江二桥—溪南村—大若岩政府—白泉村—百丈瀑景区

2. S223九丈大桥—大若岩方向—大若岩镇—百丈瀑景区

联系方式：0577-67225757

门票：门票50元/人，自带帐篷100元/人，租赁帐篷200元/人，户外拓展（综合五项、钢索横渡、攀岩、真人CS）140元/人

网址：http：//zgnxjbzp.com

微信：nxjbzp

第十二章
省级工业旅游示范基地

工业旅游是伴随着人们对旅游资源理解的拓展而产生的一种旅游新概念和产品新形式。获评工业旅游示范基地的企业，可以利用自己的品牌效益吸引游客，同时也使自己的产品家喻户晓。我国工业旅游的发展趋势是重视工业旅游经济效益的增长点，即工业旅游购物。工业旅游项目因具有文化性、知识性、趣味性和具备现场感、动态感、体验感等独特魅力而深受游客青睐。

红蜻蜓——带你了解中国鞋履文化

红蜻蜓时尚文化之旅与想象中深入制鞋车间，了解制鞋流程的工业旅游不同，这是一条集科普教育、时尚体验、休闲购物于一体的综合性旅游线路。红蜻蜓工业游以“赏千年鞋文化、看百年鞋科技、享当代鞋时尚”为主题，由“中国鞋文化博物馆、中国鞋科技展览馆、企业品牌文化体验馆、企业特色党建展览馆、红蜻蜓鞋科技实验室、红蜻蜓定制手工坊”等景点组成，集中展示了中国悠久而璀璨的鞋文化历史，以及中国近百年鞋工业时代的发展，体现人类文明的智慧和力量。

红蜻蜓作为中国制鞋行业的领军企业之一，通过工业旅游的形式表达为中国皮革行业寻找文化灵魂的拳拳之心、殷殷之情，体现了红蜻蜓在实现“引领东方风尚，打造备受尊敬中国百年品牌”远大梦想的决心和底蕴。

了解中国千年鞋文化

红蜻蜓集团所创建的中国鞋文化博物馆由历史文化馆、三寸金莲馆、少数民族馆三个分馆组成，通过图片、文字、实物，系统地反映了我国鞋履文化几千年的历史面貌和发展过程。

历史文化馆：历史文化馆集中展示了从新石器时代到中华民国时期的鞋履发展史，从中可以了解中国鞋从无到有、从简到繁、从粗到精的发展史，从造型、色彩、技术等方面反映当时人类的文明程度。

三寸金莲馆：三寸金莲馆是介绍和展示中国古代畸形足审美带来的鞋履产物。金莲鞋，也称“莲鞋”“弓鞋”“小鞋”等，俗称“三寸金莲”，是缠足妇女的专用鞋履。小鞋呈翘头、平底、纤瘦型，尺寸大多在四寸以上，鞋上有精美的刺绣。长长的裹脚布虽然束缚了女子的行动自由，却锁不住她们的心灵手巧，聪明才智。一双双绚丽多彩、充满东方艺术韵味的金莲鞋，就是

中国鞋文化博物馆

她们的传世绝作，向世人展示了精美的中国传统刺绣技艺，也向人们述说着封建社会女人们痛楚的往事。

少数民族馆：我国有55个少数民族，由于生存环境、生活方式各不相同，鞋饰文化也呈现出异彩纷呈的景象。东北、西北地区的少数民族，以狩猎为主，拥有大量的动物资源，早在四千年前就擅长用革制鞋，如鄂伦春族、鄂温克族用狍子皮制鞋，乌兹别克族穿的“艾特哥”靴子用羊皮制成，藏族的统靴多采用马皮或牦牛皮制作，赫哲族用体积庞大的大马哈鱼皮制鞋等。东北、华南、西南等地的少数民族，充分利用草茎、木材制作鞋履，所以，穿草鞋的少数民族几乎遍及全国各处。西南和南部地域的黎族、傣族、京族和长白山的朝鲜族，还善于用木头制作木屐；壮族使用木屐的习俗久远，并延伸到传统体育运动中，形成喜闻乐见的“木屐舞”。

红蜻蜓飞翔的源头

品牌馆是红蜻蜓的梦想馆。不管是运用全息投影技术表现的三维立体影像，体现红蜻蜓品牌的核心理念“从距离中寻求接近”，还是墙壁上的一幅工笔画描绘红蜻蜓的历年大事记，记载着红蜻蜓从鞋文化一路到文化鞋的进展，

鞋业之最

展示的都是红蜻蜓几十年来总结的企业经营理念。

红蜻蜓集团坚持东西方文化的融合，将道家的自然与西方的自由相结合，崇尚“自然自由”的理念。企业不停地健康运作，只有起点，没有终点，坚持“从距离中寻求接近”的价值观，生命不息、奋斗不止。在当今的互联网时代，提供有价值的服务和产品，将蜻蜓360度的复眼定义为“价值服务”与“价值产品”，为消费者提供超值服务和高性价比的产品；坚守一个鞋者的信仰、担负起公众公司的责任，以人力资源、全渠道运营、“互联网+”和金融资本为翅膀，踏踏实实为顾客“做一双好鞋”；以价值供应链为躯干，优化运营体系，为合作伙伴提供平台，实现分享经济。进而扎实落地6大“触脚”，即为品牌商和渠道商提供产品和服务，为顾客体验定制和尊享生活，为人才提供孵化创业项目，为伙伴搭建共赢合作平台，为技术和知识产权创造高壁垒提高溢价，为激发人的潜力而实行制度和机制创新。

手作行走的精品

红蜻蜓定制手工坊，引入欧洲贵族的“定制”概念，相信“美学”与“工匠”之于物的意义，以“鞋”为载体，呈现中国手工艺的上乘与精妙。

红蜻蜓定制手工坊拥有行业领先的定制服务团队，由25位手工制鞋经验超过20年的资深匠人组成，手工坊一天可做20双定制鞋。每一位资深的匠人精通制鞋流程的每个环节，精益求精，力求完美，为每一位尊贵的顾客量身打造足尖上的艺术品。从这里“出生”的每一双鞋都凝聚着匠人的心血和功夫，贴合客人的审美和需求。

旅游攻略

地址：永嘉县瓯北五星工业园红蜻蜓总部大厦

交通线路：

1. 自驾：温州市区—瓯江三桥（双屿）—瓯北五星工业园
2. 公交：瓯北报喜鸟车站，途经 51 路、50 路、60 路公交车

联系方式：0577-67370031

网址：http ：//www.chinahqt.com

微博：@ 红蜻蜓时尚集团

康奈集团——全国工业旅游示范点企业

康奈集团

康奈集团创办于1980年，以制鞋为主业，是中国皮鞋行业的排头兵企业，兼营服饰、商业地产和俄罗斯乌苏里斯克经贸合作区。

公司自2007年被国家旅游局指定为全国工业旅游示范点企业以来，先后获得了浙江省旅游产品定点企业、商旅互动示范点、上海世博会体验之旅定点参观单位、浙江省青年文明号等称号。近10年来，已累计接待国内外来宾达60余万人次，接待过60多位中央领导。近3年来约20万人次先后到康奈集团考察、购物，真正实现了商旅的有效互动。

康奈集团的展厅运用了世博元素，在原有基础上增添了LED显示屏和三维设计导视，通过参观，能让游客感到民营企业的魅力，感受康奈集团的非凡成就，对康奈品牌有一个清晰的认识。作为中国制鞋行业高端制造的典型代表，康奈通过对车间进行改造，搭建了精品皮鞋流水线、固体异皮鞋流水线和全过程制作流程平面车间，让游客能清晰全面地看到制鞋工艺流程，真正感受到康奈的制造实力，点燃对中国自主制造的激情，形成了看高端制造到康奈的良好氛围。

展示产品流程，扩大品牌影响

康奈围绕原有的工业旅游看点，结合全国开展的创先争优活动，创新提炼了展示非公企业的党建特色，成为温州非公党建工业旅游示范点，并获得了全国先进基层党建组织称号，成为工业企业红色之旅的样板。为此，公司在参观线路中增加了党员亮相牌、三岗联创牌和情感交流站。

制造流程

针对三岗联创，建立了五好党员示范岗、青年文明号和巾帼文明岗，先后评出了28名五好党员，有3个系统获得了青年文明号，有4条线路获得了巾帼文明岗。情感交流站作为非公党建工作的典型案例，多次被主流媒体、杂志、网站报道，成为非公企业党建考察的新亮点，是感受民营企业的活力、感受非公企业的党建文化和温州特色的集成体现。

集团还通过对车间进行改造，搭建了精品皮鞋流水线和全过程制作流程平面车间，让游客能清晰全面地看到制鞋工艺流程，真正感受到康奈的制造实力和品牌影响力。

树立企业形象，传播企业文化

《走进康奈》杂志从2004年上半年创刊发行至今，作为展示企业形象的重要窗口和阵地多次被温州市新闻出版局和温州市地方报刊协会评为优秀企业报。

企业文化

《走进康奈》以服务品牌营销为主，引导时尚，指导消费，促进流通，活跃销售，刊物上刊登各类皮鞋资讯，传播企业文化，扩大企业和品牌影响力。而介绍康奈最新研制的各种新款皮鞋，让游客能在第一时间了解鞋业时尚前沿。

康奈职工艺术团是温州民营企业首家职工艺术团，在做好为员工服务的同时，也能为游客服务展现一些反映员工生活和企业文化的表演，增加整个参观过程的趣味性。康奈新温州人广播站是2006年3月成立的企业内部广播站，广播站主要为员工服务，有12名兼职主持人，也可以在游客参观厂区的过程中播放一些音乐，让游客在轻松中完成参观行程。

旅游攻略

地址：鹿城区双屿中国鞋都康奈工业园

交通线路：甬台温高速温州西出口下，左转进入104国道，前行1千米左右可见康奈工业园全国工业旅游示范点字样的指示牌，右转即到

联系方式：0577-56891888

网址：http：//www.kangnai.com

微信：康奈

一鸣牛奶——浙南闽北最大的生态奶牛养殖观光基地

企业形象

浙江一鸣食品股份有限公司是一家从事奶牛养殖，乳制品、面包、糕点生产和销售于一体的国家级重点农业龙头企业，也是全省最大的乳品及烘焙产品生产企业之一。公司现有职员3500余名，下辖上海一鸣连锁管理有限公司、温州一鸣物流有限公司、温州兴农投资担保有限公司、泰顺一鸣生态农业有限公司4家分公司，拥有2项国家发明专利、7项外观设计专利，其系列产品被评为省农业优秀产品和省消费委推荐产品，建有浙南闽北地区最大的生态奶牛养殖观光基地。

综合实力全省乳业第一

2005年投入资金近亿元，在温州平阳建成集生产、生活、学习娱乐于一体的现代化一鸣工业园，日处理鲜奶200吨，和全球最大的包装厂商合作，引进瑞典爱克林（Ecolean）公司设计生产的爱壳包装，使产品达到更加新鲜健康、营养、环保、低碳的要求。同时拥有多条目前国内最先进的面包、吐司等烘焙产品生产线。多年来，公司始终坚持以新鲜营养的巴氏奶作为公司发展的主导方向，在奶源建设、市场网络、科技水平、生产规模等综合实力方面跃居浙江乳业第一。2009年公司在温州地区、台州地区、丽水地区、南京地区门店数量已经达到350余家。2010年公司继续在上海、南京、杭州、温州、台州、丽水地区拓展门店。目前，一鸣真鲜奶吧已经遍布全国各地。

透明化呈现让顾客放心

现场教小朋友做蛋糕

作为一家食品企业，尤其作为一家与民生密切相关的乳制品企业，一鸣牛奶受到消费者以及社会各界的广泛关注，越来越多的人愿意走进公司参观、考察、体验，看看他们喝的牛奶、吃的面包是怎样生产出来的。而一鸣公司通过透明化的呈现，可以满足游客的好奇心，从而让消费者放心。一鸣工业游是一次放心之旅，不仅赚取收入，而且赢得口碑。一鸣公司在实践过程中不断丰富工业游活动内容，创新参观体验形式，吸引更多的目标游客。往往一鸣公司的工业游刚发出报名广告，就有几个月的活动被团体抢订一空，可见一鸣工业游火爆程度超出预期。

赚足口碑也促进销售

据统计，一鸣工业自向外界开放参观以来，赚足了政经人士、各界消费者口碑，销售收入也飞速发展，从2012年产值7.5亿元到2013年产值达10.3亿元，成为浙江省农业首家突破10亿元企业。2014年公司计划投入500余万元，用于公司工业游项目，包括园区美化、场所改造、形象装修等，目前已投入300余万元。从2013年5月起，公司工业游将实行低于成本价的收费，并提供公司专门设计的各类礼品、文化衫、会员卡充值等业务。入园费和产品收入逐年上升。

旅游攻略

地址：平阳县昆阳镇一鸣工业园

交通线路：温州快客到平阳车站后，可坐人力三轮或出租车到平阳县一鸣工业园，平阳县一鸣工业园位于昆阳镇沙岗村，离平阳车站大概六七百米远。

联系方式：18957758932

电子邮箱：173725636@qq.com

英博雁荡山啤酒——来世界 500 强企业探秘

浙江英博雁荡山啤酒有限公司是温州市金融投资集团有限公司和世界 500 强企业百威英博啤酒集团投资组建的一家中外合资企业，是乐清市唯一一家啤酒生产企业。公司现占地面积 7.15 万平方米，拥有总资产 4.2 亿元，现有职工 600 多人，坐落在温州境内风景秀丽的世界地质公园、国家 5A 级风景名胜区雁荡山北麓。

探秘啤酒是怎样酿造的

公司起源于 1982 年的乐清县雁荡山啤酒厂，当年产量为 3543 吨，也开创了乐清本地酿造啤酒的崭新历史。1999 年，企业与中国金可达集团合并合资后，实现从小到大的跨越，更名为浙江雁荡山金狮啤酒有限公司；2004 年英博啤酒集团成为双鹿啤酒的战略合作伙伴，成立了英博双鹿啤酒集团；2005 年公司相应更名为浙江英博雁荡山啤酒有限公司，成为世界 500 强、全球最大啤酒集团的重要一员。

出发参观

公司主要生产“雁荡山牌”系列啤酒，“雁荡山啤酒”是中国啤酒著名创新产品、浙江省著名商标、浙江省名牌产品，产品远销国内各省市，2011 年雁荡山啤酒首次出口新加坡，踏上了跨出国门、走向世界的步伐。

公司自 2012 年荣获

浙江省首批工业旅游示范基地以来，工业旅游项目更是逐步规范，依托雁荡山世界地质公园和5A级风景区资源，以“探秘啤酒是怎样酿造的”为切入点，让游客零距离接触啤酒酿造的全过程。探秘游深度挖掘啤酒内涵，全面导入工业旅游概念，做到旅游资源点线面完美结合，发挥旅游经济导向作用，提升啤酒品牌价值，彰显啤酒企业文化，增加产品附加值，逐步打造为国家3A级旅游景区，促进企业转型升级不断提高。

现场讲解

英博雁荡山啤酒人秉承“品质如一、责任为先、诚信至上”的核心价值观，努力进取、开拓创新，按照公司“打造花园式工厂、实现可持续发展”的奋斗目标，努力成为国内啤酒行业的有知名度的啤酒企业。

英博工业旅游的特色是什么

根据英博工业旅游基地的发展规划，英博工业旅游主题是“探秘啤酒是怎样酿造的”，而特色为“与雁荡山风景区结合，形成一条独特的旅游线路”。结合该游线主题和特色，重点做好六篇文章。

一是做好重视文章。公司高层高瞻远瞩，从企业长远的发展眼光，提出在企业发展的同时做好工业旅游文章，促使转型升级，以工业旅游来提升品牌和企业形象，专门建班子、搭队伍，为下一步壮大工业旅游的发展打下了良好的基础。二是做好融合文章。公司自2011年起依托国家5A级旅游景区雁荡山的资源，积极打造工业旅游项目，让“好山好水好啤酒”深入人心，使传统的旅游项目和新型的旅游项目进行融合发展。三是做好“谜”字文章。啤酒作为和每一个人生活都有密切联系的饮品，对于消费者来说其加工流程和工艺一直以来都是一个谜，发展工业旅游的初衷也就是想通过向广大游客展示啤酒酿造工艺流程、生产原辅料质量、工厂环境安全管理面貌，在游览过程中慢慢地解开谜团。四是做好环保文章。提出了“好山、好水、酿好酒”的宣传口号，倡导生态、绿色理念，特意安排了取水口和环保池成为参观点，通过参观向广大游客灌输环保理念，让大家感觉到产品的环保和企业的责任。五是做好亮点文章。积极按照工业旅游的标准要求，根据企业的特点，突出产品亮点，强化引导队伍建设、合理安排参观线路、制作特色纪念品等，给游客留下较深的印象。六是做好沟通文章。争取旅游管理部门的重视，在规划和政策上给予大力的支持，积极参与雁荡山风景管委会的各项活动，提升企业形象，吸引广大游客的参与。同时，与各大旅行社建立了友好合作关系，为工业旅游提供了较好的客源保证。

旅游攻略

地址：乐清市大荆镇荆水路 124 号

交通线路：温州—乐清—大荆镇的入口（104 国道边上）

联系方式：0577-27853299

网址：http：//www.ydsbeer.com/

微博：@ 雁荡山啤酒

第十三章
非物质文化遗产经典景区

非物质文化遗产特指已经在各地方普通民众流传了至少有百年历史的具有一定地方、民族文化特性和艺术美感的艺术形态。2015 年，浙江省文化厅、浙江省旅游局联合公布了第三批浙江省非遗旅游景区名单，苍南县龙港镇鲸头村和乐清市柳市镇象阳后横村、泰顺县仕阳镇龟湖村一起入选非遗主题小镇，成为省级非物质文化遗产经典景区。

泰顺龟湖村——石雕

龟湖是泰顺县的南大门，位于泰顺县的最南端，东北与本县仕阳镇毗邻，西、南与福建省的福安市、柘荣县隔溪相望，西北与本县洋溪乡接壤，是一个两省三县五乡镇之中心的边贸之地。龟湖原为仕阳区辖乡，仕阳区撤销后设立龟湖镇，2011 年撤销龟湖并入仕阳镇，设立龟湖社区（村）。辖区内拥有特大型矿产资源——叶蜡石。

龟湖——第五大国石之乡

非遗主题小镇是指以特色非遗资源为基础，以文化旅游融合发展为方式，传承和弘扬独具特色的区域传统文化，影响和助推地方经济社会发展的文化区域。泰顺龟湖村是世界第二、亚洲第一的“蜡石之都”。近年来，当地重视泰顺石的生产和保护，建设了泰顺石产业园，培育拓展泰顺石市场，形成了独特的文化符号。同时，还将泰顺石与当地的风土人情、历史渊源、地域特色、旅游产业等相结合，逐步打造成为名副其实的泰顺石“非遗”小镇。

石雕

辖区内拥有特大型矿产资源——叶蜡石，矿区面积达 2.1 平方千米，已探明储存量在 1 亿吨以上。泰顺石是指产于浙江省泰顺县龟湖叶蜡石矿的雕刻石，学名叶蜡石，由氧化铝、氧化硅、氧化铁等多种成分组成，因而形成不同的色彩和质地。泰顺石温润似玉、颜色丰富，种类繁多，石质细腻、纹理精美。国内雕刻市场上，比较享有盛誉的泰顺石主要品种有：金石冻、东方红、凤黄、湖蓝、牙白、乳花石、虎白、华文石、紫藤、状元红、金凤凰、牛角冻、彩霞红等。龟湖叶蜡石品质高、品种全、储量大、用途广、易开采。近年来，随着自身突出的地位和特点，在工业行业尤其是工艺美术行业的广泛应用，龟湖叶蜡石丰富和提升了自身文化内涵，渐渐被文化界人士冠名为独具代表性的“泰顺石”。

泰顺石作为雕刻石、印章石界新兴之秀被称为“中国第五大名石”候选石，市场上常被作为青田石和寿山石的优质替代品。泰顺石被当地先民称为“匣石”“软石”，自古以来已经被用作印章石和雕刻石。其品质优良，颜色、纹理丰富，品种繁多。

泰顺石——一张难得金名片

目前泰顺有千余人从事石雕行业，其中拥有中级及以上职称的100多人，省级工艺美术大师8位，市级工艺美术大师24人，但创作队伍大多数在外地发展，本地则多以经营原石为主。

为吸引工艺美术大师回乡创业，2016年7月29日，位于泰顺县城罗阳镇的泰顺石文化创意产业园正式开园，泰顺将对入驻的工作室给予装修、基本设施购置、租金等补助。以文创园工作室为载体“请”回大师，将有利于补足泰顺石文化发展存在的本地创作人才不足的短板，促进泰顺石文化产业发展。

泰顺石

近年来，泰顺县加大泰顺石文化保护与发展力度，先后举办了“首届泰顺石文化博览会”“泰顺石文化节”等活动，组织参加中国·浙江工艺美术精品博览会、世界工艺文化节、温州国际时尚文化创意产业博览会等活动，并屡获各级各类评比的最高奖项。“泰顺石”越来越得到业内专家的认可和收藏界的青睐。目前，罗阳、龟湖等地经营泰顺石门店已达60多家，年产值3000多万元，泰顺石正渐渐成为泰顺的一张“金名片”。

泰顺石——目标百亿大产业

开园仪式

为推进泰顺石文化创意产业健康、持续发展，泰顺还出台了《泰顺县扶持泰顺石文化创意产业发展的若干意见》，明确围绕打造“中国名石”为目标，着力引进大师创作，培育龙头企业，打造自主品牌，拓展市场规模，努力形成特色鲜明、重点突出、效益显著的产业发展格局，使泰顺成为在全国具有影响的新兴石刻文化产业基地。预计到2020年，全县“泰顺石”产业将实现总产值4亿元以上，泰顺石雕产值在整个叶蜡石产值中占比达80%以上，远期要培育形成百亿产值大产业。

“十三五”期间，泰顺县计划建成“一园、一街区、一校”，完善泰顺石文化产业链。据悉，已经开园的泰顺石文化创意产业园区，位于县城新城区，占地面积400多亩，集研发设计、工艺创作、产品交易、文化展示、品牌创建、公共服务等功能于一体。其中，占地6000平方米以上的“泰顺石产业街”建成并投入使用。泰顺县石雕艺术学校已于2016年揭牌成立，成为温州市目前唯一一所公办的全日制石雕艺术学校。此外，泰顺每年统筹安排1000万元资金，用于扶持、奖励泰顺石文化产业保护和发展，并在扶持各类泰顺石文化提升、提高工艺美术人才经济生活待遇、支持理论研究与创作等方面出台了具体的财政扶持政策。

旅游攻略

地址：泰顺县仕阳镇龟湖村

交通线路：市区—龙湾上甬台温高速—泰顺—58省道—仕阳—乡道—龟湖

乐清后横村——木雕

后横村是乐清柳市镇一个自然村，这是一个充满艺术魅力的村子，乐清黄杨木雕在这里根植发展。柳市镇后横村黄杨木雕有百年发展史，是乐清黄杨木雕行业发展的缩影，印证着一代代黄杨木雕从艺者的传承和坚守。

象阳——中国民间艺术之乡

后横村所在的柳市象阳片区民间工艺美术源远流长，品种丰富，技艺精湛，能工巧匠辈出。现已初步形成“一村一品、一品多种”的格局。后横村的木雕（黄杨木雕、龙档、根雕、雕花板、佛像雕刻等），寺前村的细纹刻纸，四板桥村的石雕，上池头村的画帘刺绣，汤岙余村的锻布绣片，汤东、汤西村的金漆圆木，下渎朱村的首饰龙、龙船、鳌山，高后村的景泰蓝金丝彩釉画等风格独特、各具绝处。辖区内有 2000 多人从事民间工艺美术品的生产和创作，其民间工艺美术品屡屡在国家级和省级大奖赛上获奖，产品远销国外。象阳已有陈余华、郑方杨、郑松强和余忠惠 4 人分别获得“国家级非物质文化遗产项目代表性传承人”“全国青年民间工艺大师”“浙江省工艺美术大师”“浙江省民间艺术家”等省级以上荣誉称号。

象阳的民间工艺崛起于明末清初，繁荣于改革开放以后。以后横村为代表生产的黄杨木雕与东阳木雕、青田石雕并称“浙江三雕”，其产品构思巧妙，刀法流畅，形象栩栩如生。象阳工艺品的题材非常广泛，有的表现田园风情、山水野趣，有的表现人文景观、神话传说。产品中既有花瓶、笔筒、烟具、印章等实用品，也有人物、飞禽走兽、佛像屏风、山水风光等观赏品。黄杨木雕刀法神奇、匠心独运，集实用、观赏、收藏价值于一身，深受国内外客商的青睐。

象阳的木雕门类齐全，以后横村为主要生产地，大多子承父业家族式的

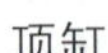

顶缸

乐天（王笃纯作）

鲁班（王笃芳作）

传承。其中，黄杨木雕世家郑祥奎先生及其门徒起了扛鼎作用，使木雕技艺在秉承传统的基础上，大胆突破，推陈出新。新一代木雕艺人高品位的艺术创作，也为象阳传统木雕工艺注入新的活力。木雕手法由“单体雕”发展到“拼雕”，传统“圆雕”发展到“劈雕”“根雕”，技艺更趋精湛，作品更臻完美。

后横村——借艺雕小镇打造成“四个”中心

后横村是柳市镇文化特色村之一，村里 10% 的人从事工艺美术行业，是黄杨木雕的生产基地，有省级和温州市级工艺美术大师 16 人、高级工艺师 16 人，主要工艺美术行业为黄杨木雕、象牙雕、石雕、根雕等。1998 年 4 月以后横村为龙头的原象阳镇被浙江省文化厅命名为“浙江省民间艺术之乡”，2000 年 5 月被国家文化部命名为“中国民间艺术之乡”，2008 年后横村被列为乐清黄杨木雕的主要发源地之一，2015 年乐清市柳市镇后横村荣获“第三批浙江省非物质文化遗产旅游景区”（非遗主题小镇）称号。

艺雕小镇以后横村为中心，将分散在后横村以及附近村镇的工艺美术大师集中起来，打造以黄杨木雕为龙头，象牙雕、石雕、细纹刻纸、圆木雕、竹壳雕、铜雕等齐头并进的艺雕产业集群，建成集工艺美术生产、展示、销售和休闲旅游为一体的综合产业平台。

2015 年，后横村双委投入 500 多万元在文化礼堂内建成了工艺美术展厅，陈列的作品有 150 余件。自对外开放以来，每天都有众多游客慕名而来参观。通过工艺作品的展示、工艺大师的现场展演，向游客直观地展示了乐清非物质文化遗产的魅力。

艺雕小镇从启动以来，村里首先选择了象港路一段 70 米长的路段作为改造试点。整体项目建设分三期进行：一期工程为象港路、迎宾路、工艺路等三条产业街；二期工程为街区建设，从街面向街巷纵深推进，形成非遗产业街区；三期工程为产业园区建设，规划占地 300 亩，包括民间工艺城、大师工坊、青年艺术家创业孵化园等建设。

整个项目建设注重建设档次与品质，专门委托中国美院设计团队进行规划和设计。建成后，将吸纳乐清 20 多个工艺美术产业品种，入驻企业达 200 余家，加上配套产业，形成集中生产经营规模效应。一期工程三条街建设完成后，可初步形成非遗产业集群，从业人员达到 600 人，预计产值达 5 亿元。二期工程和三期工程全部完成后，从业人员达 3000 人，年产值达 10 亿元。艺雕小镇也将成为浙南地区的工艺美术产业集聚中心、工艺美术创意研发中

郑立新、郑岳安、侯林荣三位黄杨木雕从艺者在交流技艺

心、非物质文化遗产传承中心、工艺美术人才培养中心和工艺美术文化旅游中心。同时，适时举办民间工艺美术精品展览，推动艺术作品创作向商品生产转变，进一步提高市场竞争力，使后横村“非遗小镇”成为国内较大规模和具有较高影响力的文化品牌。

温州的黄杨木雕创始于宋、元，流行于明、清。乐清木雕门类齐全，在秉承传统、保持黄杨木雕的原有风格和神韵的基础上，技艺日趋精湛，作品更臻完善。2006年，黄杨木雕经国务院批准列入第一批国家级非物质文化遗产名录。

旅游攻略

地址：乐清市柳市镇象阳社区后横村

交通线路：乐清市区—中心大道—象阳后横村

苍南鲸头村——民俗

鲸头村位于苍南县龙港镇云岩社区，距苍南县城 8.7 千米。坐落在横阳支江边的浙南宗教民俗文化名村鲸头，山清水秀，历史和传统文化遗存保留丰富。距今 900 年前的北宋，鲸头村已形成以杨府殿为中心的古集市风貌的村落规模，现在的集市房屋有清朝与当代建筑风格并存。

自然人文生态良好

鲸头村生态环境保护良好，风光优美，恬静奇幻、涧险石怪、塔古洞幽、花果飘香。鲸头山一带风光宜人，山势变幻万千，三峰笔架山、九龙岗自然景观奇特，令人叹为观止。

鲸头村寺院道观密布，多种宗教在此留下遗迹。著名的有杨府殿（民间信仰）、明德堂（民间宗教三一教）、载福堂（传统宗教与民间宗教三一教并存）、凤仙道观、紫霞道观（道教）、龙隐寺、进仙禅寺、广福寺（佛教）等。其中以杨府爷信俗最负盛名，信众遍布浙闽粤、港澳台乃至东南亚地区。此外还有天主教堂、基督教堂。

鲸头杨府殿是个集民俗宗教文化和自然风光于一体的特殊景点，几个世纪就一直驰名于省内外，来进香朝拜的游客众多，北起舟山、宁波，南到漳州、厦门以至中国台湾、新加坡，每年都有五六十万人次以上，杨府侯王尤为商人和渔民所尊崇，民间信仰的影响力

自然景观

杨府殿

仅次于海上女神妈祖。杨府殿后异峰突起，峻峭嶙峋，雄险拔俗。山上古树参天，登上峰顶，群山深谷，莽莽苍苍，奔涌而来。山巅往西曲径通幽，山不高而秀雅，水不深而澄清，林不大而茂盛，漫山遍野茂林修竹，无限风光尽收眼底。

村鲸头还是个文化底蕴深厚的村落。目前拥有县级文保点两处：仰英亭和古戏台。现存有建于清朝的秀水街和古戏台，并依托该资源正在建设鲸头古村落景点。另外，鲸头村也是浙南革命老区，有“仰英亭”革命纪念馆。

非遗项目历史悠久

鲸头村非物质文化遗产资源丰富，有太平龙迎新春、参龙、杨府爷信俗等信俗文化活动和彩扎、米塑等传统技艺，其中太平龙迎新春、参龙、米塑为省级非物质文化遗产项目，杨府爷信俗和彩扎为市级非物质文化遗产项目。这些活动依托于杨府爷信俗在当地形成了一种独特的民间信俗文化，内涵丰富而又贴近生活，独具地方特色。

太平龙

“太平龙迎新春”是鲸头村的非物质文化遗产，也是一种节庆风俗。每年正月初二至十五，鲸头村和周边村落，都会举行“划太平龙”祝福活动和正月十五元宵灯会，喜迎新春。信众因曾经祈祷许愿，必须按时将大量的竹纸扎船送到杨府庙焚烧，俗称“还愿”。太平龙分开门龙、彩龙、关门龙、小船龙四种类型。主要仪式有杀龙猪、摆殿、扎龙、请香信、祈禳、划龙几个部分，其中祈禳仪式分祭龙、净龙、参龙和开龙眼等几个步骤。开龙眼后，划龙开始。一般正月初二划的是“开门龙”，正月十三划的是“关门龙”。正月十五，关门龙进庙点火“仙化”后，整个划太平龙活动结束。

“参龙”说唱是穿插在整个划龙活动过程的一种重要仪式，也是一项地方特色的曲艺形式，由专门的“参龙师”用当地方言一边击鼓，一边演唱，地方韵味浓郁，参龙词七言一句，每句韵脚押韵，内容多为祈求神灵保佑新的一年风调雨顺，五谷丰登、六畜兴旺、百姓安康。

每年举办“正月廿八抬香案”巡游活动，会集了大批信众参与，制作彩扎、米塑作品参与巡游展示，把杨府爷信俗活动推向高潮。

旅游资源深入挖掘

鲸头村境内的鲸头风景名胜区山清水秀、峰峻石奇、庙宇林立、建筑宏伟，集民俗宗教文化和自然风光于一体。

近年来，鲸头景区依托当地的秀丽风光与人文景观，尤其是合理利用当地的杨府爷信俗等非遗项目，让文化与旅游紧密结合，深入挖掘旅游资源，大力发展旅游等第三产业。鲸头村不断加大旅游设施的投入，开辟民宿、农家乐，增加景区新的亮点“九龙生态园”“凤仙道观”“新登山大道”“文化公园”等，做到保护与开发利用并举，使鲸头村成为龙港镇名副其实的后花园。

继 2013 年被列入第二批中国传统村落名录后，2015 年浙江省文化厅和省旅游局又联合给鲸头村颁发“浙江省非物质文化遗产旅游区民俗文化村”称号。

地址：苍南县龙港镇云岩社区

交通线路：经 G15 高速，萧江出口，往龙港方向

第十四章 各类主题时尚旅游产品

旅游业的进步改变了由过去单一的观光型旅游，发展成为集观光、主题、探险、科考等功能于一体的复合型旅游。主题旅游是复合型旅游的一类，按照产品属性，可分为观光型、主题型、参与型、体验型 4 种旅游产品。随着生活质量的提高，一批新的主题时尚旅游产品如房车露营游、海岛品鲜游、休闲农庄采摘体验游正受到游客的推崇和喜爱。

房车露营游

楠溪江房车露营基地——体验旅游新时尚

房车露营基地

楠溪江房车露营基地，依水而建，北接狮子岩，东邻浓密滩林，南连41省道，区位优越、交通便捷、环境幽静。该基地是温州首个房车露营基地，而以滩林为主题建房车露营基地更为全球首创。

基地始建于2014年4月，按照欧洲4星级露营地标准建设。2014年，楠溪江房车露营基地成功举办国际房车露营高峰论坛暨2014中国楠溪江露营节，楠溪江房车露营基地品牌进一步打响，基地综合服务设施进一步完善，不仅能够提供房车露营、帐篷露营、娱乐、餐饮服务等，还可承办大型会议，会展及户外赛事，使得整体服务能力进一步提升。

自由时尚的新型旅游方式

在欧美，人们一半的时间和金钱用于旅行和度假。其中，游艇、私人飞机和房车被并称为欧美的三大休闲工具。一年四季，欧美人开着自己的房车驰骋在各大公路，随意享受房车旅途中的惬意与悠闲，甚至有的人一年365天住在房车里面。对他们来讲，房车不仅仅是一个交通工具，而是一种生活方式，一种生活态度。

随着老百姓生活水平的不断提升，自驾游在中国已呈现出急剧升温的发展态势。我国自驾游人群的逐渐增多，人们对旅游也呈现出多元化的个性需

露营

求，使得这种流行于欧美的房车露营逐渐受到业界和旅行达人们的“追捧”。但是，由于房车露营这种高端旅游休闲在我国还处于起步阶段，而且还受到房车相对高端、房车保有量不足、景区露营地不足、交通停车位等多方面困扰，使得我国房车露营处于发展的一个瓶颈。

为此，楠溪江房车露营基地就运用“景区＋营地”，通过景区环境再造，在景区内和景区周边增加露营地和自驾游综合服务，促进房车露营产业的发展。在一定程度上来讲，营地出租房车的形式降低了房车露营门槛，让中低收入人群也能玩得起高端露营，具有普众效应。

得天独厚的山水环境

楠溪江房车露营基地坐落在永嘉县岩头镇西岸，位于村边的滩林里，周边被茂密的树林包围着，不远处就是清澈的楠溪江。楠溪江属于4A级景区，分为大楠溪、石桅岩、大若岩、太平岩、岩坦溪、四海山、源头七大景区，共有八百多个景点。风景区沿江分布，有台湾水青冈、银杏、华西枫杨等多种国家重点保护珍贵树种。

房车露营基地所靠近的狮子岩，是楠溪江的两座小屿，一屿肖狮，昂首张口，迎流而踞，全屿为石，石色黑中透白，石壁嶙峋。岛屿娇小玲珑，又似一座天然盆景，惹人喜爱。岛上林木葱茏，周围峰峦叠翠。江水悠悠，蜿蜒曲折，滩边卵石光洁斑斓，人在其中仿佛置身于一幅美丽的山水画中。另一屿在一屿之前，名“狮子球屿”，屿巅苍松葱郁，犹翠羽华盖，屿脚绿草如茵，杜鹃簇簇，树上松鼠攀杈跳枝，相逐戏耍，偶有清风吹拂，树冠摇曳，宛如狮球滚动。站岸边远望，万顷清流中一“狮”一“球”，酷似狮子戏球，是楠溪江的天然盆景。

配套设施完整的基地

楠溪江国际房车露营基地。项目定位为集休闲、旅游、度假、居住、户外体验等为一体的，堪称中国最美的山水滩林休闲度假房车营地。

西岸村的房车露营地是1号营地，核心区约50亩，而外围辐射面积达500多亩，首批30个房车停车泊位已正式投入使用，位于村边的滩林里，周边被茂密的树林包围着，不远处就是清澈的楠溪江。

核心区的50亩地分别建有房车露营区、帐篷露营区、儿童娱乐区、游客中心、烧烤区、真人CS等内容，共计拥有房车车位30个、烧烤台30个、帐篷露营位25个、羽毛球场3处，还有可同时容纳150人用餐的餐厅。

该营地启用后，游客将在这里享受到集房车租赁、体验、购买、维修保养于一体的4S店式服务，并配套购物、餐饮、娱乐等设施。除了西岸村的1号营地，另有两处营地位于太平岩景区和楠溪江“耕读小院”。

地址：永嘉县岩头镇西岸村

交通线路：

1. 市区—瓯北—上塘—坦下—往右狮子岩方向—烘头村—西岸村
2. 诸永高速—花坦出口—往右狮子岩方向—下烘头村—西岸村

联系方式：0577-67188881、15867799479

游艇（船）休闲游

古韵水乡——印象南塘

“采莲南塘秋，莲花过人头”，传唱千古的南朝《西洲曲》，令人们对诗意的南塘充满了想象。其实，温州也有一个“旧以荷花名”并深受历代诗人所眷恋的南塘，因她而得名的南塘河，就是一条流淌了一千余年的诗之河。在这条诗之河畔的温州南塘文化旅游区——印象南塘，是一个新晋的国家级4A景区，她正以其悠远的历史和古朴的建筑吸引了本地市民和外地慕名而来的游客。

悠久的历史文脉

作为国家4A级旅游景区，历史文化的沉淀对景区的提升作用至关重要。千年城市根脉，百里塘河风韵。塘河历史悠久，文化底蕴深厚，历代文人骚客留下了大量吟唱塘河的诗词歌赋，山水诗鼻祖谢灵运为南塘风貌留下了第一缕墨香——“弭棹向南郭，波波浸远天。拂鲦故出没，振鹭更澄鲜。”谢灵运是第一个在南塘河留下诗篇的历史名人，而南塘则是奠定谢灵运中国山水诗鼻祖地位的发祥地之一。2015年7月，中国游记名家联盟全国首个采风基地正式落户南塘，来自全国近50位游记名家相聚南塘对话南塘，中国游记名家联盟主席、原中国作家协会副主席黄亚洲更以即

印象南塘

数学名人馆（谷宅）

兴创作《温州：南塘河》诗作引爆现场。2016 年 4 月，国际山水诗之旅暨首届“诗意山水与旅游的新发现”高峰论坛活动在温州举办，中国台湾诗人余光中先生题词的“山水诗发祥地——温州”石碑也在“印象南塘”的白鹿洲公园落地。

走在南塘风貌街上，4 棵树龄在 150 年以上的古榕就像南塘的守护神，一直守护着这片土地，它在告诉过往游客南塘历经的悠长岁月。北段 2 号楼边的“南亭”则是南塘文化中不可缺少的部分，诗人谢灵运曾在此游而生老病之叹、归隐之志，并留下了另一篇著名的山水诗作品《游南亭》。自此，后世的文人墨客，就喜欢以《南亭》为题，追踪谢灵运的履迹并发感慨之叹。游客游于此地，不仅欣赏江南水乡之美，抑或追忆古人感怀之志。

跨过横跨塘河的石拱桥，对岸的白鹿洲公园里有一座与地域文化紧密相连的历史保护建筑——谷宅。谷宅坐西朝东，系七间二进合院式民居，为典型的温州传统民居宅院建筑，是全国著名数学家谷超豪的故居。自民国初期以来，温州的数学家辈出，并在各自领域卓有建树。谷宅内部选取了温州各个时期 29 位较有代表性的数学家，如谷超豪、姜立夫、苏步青等，全面展示了温州“数学之乡”“数学家的摇篮”的特点和风采，因而谷宅又称温州数学名人馆。

可品可享的各类“大餐”

粉墙黛瓦、小桥流水、白鹭翱翔、廊街岸柳……宽阔的河面与岸上的绿色交相辉映，好一处江南水乡。南塘风貌街正以得天独厚的地理环境和极具优势的商业氛围吸引了诸多中西餐饮、音乐酒吧等入驻，其接待游客量与日俱增，已经成为市区人气较旺的时尚商业街区。南塘风貌街上的美食休闲类商家的创意美食、品质休闲、格调消费等诸多项目无不呈现美食文化和时尚潮流，成为温州市民和来温观光旅客不得不来的地方。

塘河古戏台

同时，这里的“文化大餐”也吸引了市民和游客的光顾。温州是“戏曲故里”“南戏发祥地”，因此，戏曲文化历史悠久的温州，各地古戏台数量众多。古戏台、古戏团，这些温州戏曲文化的重要佐证，可以见证温州人民融入血液的戏曲热情。“印象南塘”规划建设过程中保留并重建了原先老南塘的古戏台，该古戏台位于5号楼，现在每周末及各大节日都有组织举行文艺表演，内容涵盖永昆、瓯剧、越剧、鼓词、木偶戏、流行乐等，极大丰富了市民的精神文化生活。除了戏曲，在印象南塘不断“上演”的还有鲜明地域特色的各类民俗活动，比如元宵节，各地龙灯队伍都会到南塘街大试身手。端午节的龙舟竞渡，更是南塘街的盛大民俗活动和保留节目，在南塘河北段五水汇集之处，水面凸起一个小小的湖心岛，成五龙抢珠之势，过去各乡各地的龙舟竞赛队伍，便以先到湖心岛为胜，百舸争流，声势浩大。

“印象南塘”得天独厚的历史底蕴吸引了很多的时尚文化品牌落地“筑巢”，南塘河西面的文化村目前有“年代美术馆”“博山美术馆”两大专业艺术展馆的入驻，使“印象南塘”更具文艺气息。游客、市民随时能在流动如画的风景里欣赏不同风格的书画佳作和艺术精品。

两岸水漾风情

“弄舟趨来南塘水，荷叶映身摘莲子”，旧时荡舟南塘河上，豆蔻女子挽袖采莲，是一道美丽的风景线。今日，游客亦能乘着游船，在塘河上逐波流连。2015年4月28日，温州“印象南塘”首艘游船正式开游后，乘坐游船欣

南塘晚景

赏水乡风景，感受温州塘河文化成了市民游玩的新选择。

据温州南塘水上服务股份有限公司负责人介绍：自塘河游船项目开通以来，来体验的市民和游客不断，特别是天气趋热和学校放暑假后，游船生意更是红火，到晚上和周末，现有的 6 艘船都应付不过来。塘河游船目前分别有到温州三垟湿地公园、鹿城会昌河龙舟基地、爱琴岛等不同线路。3 条价格不同的线路均受到欢迎。目前本地游客居多，约占 7 成，外地游客占 3 成，亲子游、情侣游、老人游、团体游是主要客源。

夜幕降临，华灯初上，南塘景区早已人声鼎沸，喧闹一片。石板路上、大榕树下、河埠头上、老屋檐下、新拱桥上、古戏台下，饮食男女，牵手情侣，老夫老妻，美满三口，都是这斑斓夜色的主角，风情南塘的宾客。温州是水乡泽国，水网密集，水路发达，塘河丰富的水资源和两岸不断延伸风景是游船的发展条件。更重要的是，塘河游船深深唤起了市民对塘河的追忆，以及游客对诗之河文化的溯源之情。史载书圣王羲之出任永嘉太守时曾“乘船游赏南塘荷花”，如果王羲之今日再游塘河，一定也会为南塘河畔的美景所感叹，若乘游船看塘河夜景，一定会为温州留下传世的诗篇。

夜色南塘街

旅游攻略

地址：市区锦绣路与飞霞南路交会处

交通线路：可以乘坐市区公交 69 路、63 路、36 路到北面主入口

联系方式：13758453323

游船线路：

1 号游船码头第一条路线：

1. 南塘码头 1 号码头—五龙抢珠—三板桥—爱琴岛往返（时间 35 分钟）

2. 南塘 1 号码头—五龙抢珠—三板桥—吴桥—得胜桥—鹿城龙舟基地—爱琴岛往返（时间 70 分钟）

3 号游船码头第二条路线：

1. 南塘 3 号码头—五龙抢珠—三板桥—吴桥滨水公园—爱琴岛往返（时间 35 分钟）

2. 南塘 3 号码头—五龙抢珠—三板桥—吴桥—得胜桥—温州大厦—鹿城龙舟基地—爱琴岛往返（时间 70 分钟）

1 号、3 号两个码头第三条路线：

南塘码头—温州三洋湿地—返回

大船可座 29 人，小船可座 12 人，大船可以预定餐饮

游船营运时间：9：00—22：00

浙南威尼斯——三垟湿地

水韵湿地

三垟湿地是大自然给温州人的馈赠。“垟漂海面，云游水中”，总面积约12平方千米的三垟湿地，目前陆域面积占区域总面积的70.9%，水域面积占区域总面积的29.1%。陆域的47%为人工栽种的瓯柑，15.2%为城镇建设用地，其他农业用地、撂荒地、水塘等占37.8%。三垟湿地就作为闹市边上的一方绿洲，由138条河道与161个岛屿组成，三垟水中作物如菱角、荷藕及各种鱼类在温州稍有名气，三垟水网湿地形成独特的田园风光，被人称为“浙南威尼斯”的美誉。

三垟湿地水网密布，村落沿河布局，民居临水而筑。尤其阳春三月，沿河处处是葱郁的翠木，布谷鸟啼，飞燕穿梭，橙黄色瓯柑挂满岛上果树，自然景色独具异彩。明代大臣张璁曾以“落日泛舟循桔浦，轻霞入路是桃源”的诗句赞誉三垟。如今，按照规划方案，把三垟湿地建设成“橘浦芳洲、白鹭野鸭、菱角莲藕、河网人家”的生态园。

泛舟湿地

《非诚勿扰》捧红了西溪湿地，作为温州人，温州市民更钟爱“三垟湿地”。因为这里充满了童年的回忆，见证了曾经的岁月！很多人虽不出生于此，但是脑海深处，一直有小时候那个村庄的模糊印象，同样淡如水墨画，仿佛一下子穿越了时光的隧道！

跨过“瓯越人家”的门，进入的是三垟湿地的“五福源”景区。看阳光明媚的有点过分，你可以选择游船泛舟于湿地之上。小木船轻悠的飘过河面，船夫一脸泰然地摇着桨跟你唠家常。放眼望去，眼中、心中满是水的影子，

白鹭栖息

迎面吹来一阵清风，和着负氧离子的空气，顿时沁人心脾。耳边听着船桨划动河水的声音，发呆、放空是最好的姿势。此时，你和大自然融合在一起，白鹭在低空飞翔，白鲢鱼会在你不经意间扑腾跃出水面，就在一瞬间，小朋友惊喜不已。

船儿悠悠而上，经过河道两边的瓯柑林，看到了“水上菱角”的真颜。“三垟瓯柑”和菱角可是这里的特产，每年中秋前后，菱角飘香，很多游客慕名而来。这里流传着这样一句俗语“八月中秋菱角肥，湿地菱农笑眯眯”，采摘瓯柑则要等到11月了。

沿着水路，一路感受到“芦锥几顷界为田，一曲溪流一曲烟”的佳境。自然和谐绘就绝美画卷！这样的情趣盎然水乡景观，无不令人忘返。

如果你想选择绕岛而行，请等天气稍微凉快点，到时候五福源公园里的草坪上将再现帐篷满席，小童你追我赶的

湿地游船

湿地风光

温馨场面。再往前走，一道气势雄伟的券拱砖廊横亘眼前，这里就是牡丹园，代表了温州传统建筑中兼收并蓄、中西合璧的一面，这道长廊也成了婚纱摄影师的最爱。你还可挪步“五趾莲馨园”感受“接天莲叶无穷碧，映日荷花别样红”的情境。

美味湿地

每当夜幕降临，瓯海大道靠近三垟湿地公园那一段就停满了车，一旁的餐厅霓虹闪烁，人声鼎沸。随着三垟湿地的整治开发逐步完善后，越来越多的市民及游客慕名前往，于是作为休闲游一大“重头戏”的农家乐应运而生，并渐成气候。

友谊农家大院：位于三垟湿地公园北门，白墙青瓦，古香古色，是灵昆“友谊农家烧”的“延伸版”，以灵昆风味的家烧海鲜为主，如鲳鱼烧芋头、腌蟛蜞、香酥小黄鱼、炒黄山鱼肚等。

老三垟艺家：跟友谊农家大院的淳朴比起来，老三垟则更多了几许时尚，门口贴着一幅标语——“如果不进来，你我都挨饿”，令人忍俊不禁。装修为混搭风格，冷菜用温州旧时的高脚碗盛起来，很有怀旧气息。其主打菜有菱角炒韭菜、渔家钉螺、野生小蛏、冻猪蹄等，很家常。老三垟并拥有自己的快艇，吃完饭，店家还可以带你坐上快艇兜一圈，欣赏一下湿地的宜人风光。

旅游攻略

地址：瓯海大道与三垟大道交叉口

交通线路：市区公交线路 54 路、48 路、71 路目张家桥东站下即到

游船票价：手划船船票周一至周五 40 元 / 艘，周末、节假日 60 元 / 艘，限载 4 人，行程大约 30 分钟；画舫目前不经营散客，包船价格为 500 元 / 艘，需预约。根据实际情况定价可能会有变化

主题海岛游

东方夏威夷——苍南渔寮大沙滩

大沙滩景观

渔寮大沙滩是集避暑、度假、休闲、娱乐为一体的省级风景名胜区（3A 旅游区），素有“东方夏威夷”之称。渔寮风景名胜区位于苍南县东南部的渔寮乡境内，东临大海，南接霞关，北壤赤溪，西毗马站。它位于苍南南部，距县城灵溪 64 千米，总面积为 18.5 平方千米，具有山青、水碧、沙净、海阔、浪缓、石奇等特点。渔寮大沙滩长 2000 米，宽 800 米，呈新月形，是我国东南沿海大陆架上最大的沙滩，可供万人同时入浴，是理想的海滨浴场和沙滩，及海上运动场所。

景区沙滩和海岸上还分布着许多奇礁怪石，包括音乐石、象鼻岩、狮头岩、龙头嘴等，尤以“音乐石”称奇，用小石击之可奏出音色优美的乐曲。海面上分布着草屿岛、大离关岛、孝屿等一系列大小岛屿，形成“海上神龟”“大小峡门”等景观。

目光所及皆风景

渔寮大沙滩平坦宽广，就像一条平铺着的地毯，走在上面柔滑而硬实。虽然看起来沙面似乎总是积着一层浅水，但人走在上面连鞋底都不湿。漫步在渔寮大沙滩，脚步所踏和目光所及之处都是风景。

渔寮大沙滩

音乐石：在沙滩的中部有堆重重叠叠、大小不等、内部空空的石头叫音乐石，用石头叩击不同的部位，能发出大鼓、小鼓、小锣等五音七律，或铿锵洪亮，或低沉悠扬。如果你爱好音乐，你就能在顶端这些石头上奏出一支支悦耳动听的乐曲。

大乌龟岛：渔寮大沙滩对面800米处有个海岛状似大乌龟，圆圆的脑袋，半圆形的外壳，就像一只海龟遨游在碧波荡漾的大海上。它很想爬上沙滩做一次日光浴，但又怕惊扰了游客，只好远远地躲在一边，注视着沙滩上游人的一举一动。据说，它就是吕山老母派来送黄九师公回家的大神龟，因迷恋渔寮的美景，也就不愿回去了，从此永远留在了渔寮。

渔寮一线天

雾成沙滩：在渔寮沙滩北面1000米左右，长800余米，宽200米，处在水质清澈、风平浪静的海湾内，是一处极佳的海水浴场。澳口东有凤山、西有龙山，呈“龙凤呈祥”之态势。传说旧时每早必有浓雾，故澳后村落称为雾城，即明初抗倭壮士所城（后并入蒲门所城，全称蒲壮所城），今城基尚存，人们屐履所至，无不激发怀古之幽情。

五彩礁石：老君岛又名老鹰岛，位于赤溪镇信智港外侧，园屿自东北 300 米处，东西长 250 米，南北宽 200 米，面积 5000 平方米，其中 2/3 为五彩礁石，该五彩礁石结构镂空，似园林中常常使用的太湖石，具有极高的欣赏价值。此岛有诸多天然石洞、石窟，怪石嶙峋，并盛产各种贝类海鲜，让人回味无穷。有老君下凡、八仙过海、神猴拜观音、老君垄、湖井龙潭通老君等美丽动听的传说。到老君岛可以拾海贝，吃海鲜，听海涛，观海潮，住海滨，过海瘾，游客络绎不绝来欣赏大自然景观。近海小岛还有石笋、妈祖、观音、水帘等洞景。

吃喝玩乐项目多

夏季的渔寮，开启了激情模式，海上摩托艇、三轮车、沙滩摩托等娱乐项目均可供游客消遣，还有各种活蹦乱跳的海鲜。所以，快来这里赶海、踏浪、晒日光浴，品尝美味的海鲜吧。

渔寮的吃也与众不同，尽是些生猛海鲜，龟脚、海葵、辣螺、箭尾蟹（鲎，与恐龙同时代的古老海生动物，有活化石之称）等品种是其他地方看不到的，这些海产品既鲜活，价格也便宜，烧起来根本无须放味精。

虾皮是当地的名产，这里鲜晒的中国毛虾称生皮或淡皮，含水分少，含盐量低；焯熟的毛虾称熟皮或炊虾，两者自古以来都被称为“蒲门炊”。芒种时节晒制的虾皮因毛虾将要产卵，肉质坚实，色泽鲜亮，体形完整，味道鲜美，为上品。

近年来，由于游、吃、住、娱、行等旅游设施的不断完善，来此旅游的人不断增加，每年端午节举办的“观海节”这一天，这里举办沙滩体育比赛和沙滩文化活动，盛况空前，游客多达数万人。

旅游攻略

地址：苍南县马站镇渔寮社区

交通线路：

1. 自驾：经 G15 高速，观美出口，直行往渔寮方向

2. 公交：苍南动车站下，到灵溪汽车站乘坐至马站的巴士，换车至渔寮景区

联系方式：0577-64690260

门票：成人 40 元

贝藻王国——平阳南麂列岛

南麂列岛位于平阳县东部海域，由大小 52 个岛屿组成，拥有景观 180 余处，被评为“中国十大最美海岛”之一。南麂列岛的主岛在地图上俯瞰，形似一只尾向东南，头朝西北奔跑的“小麂”，因而得名“南麂”。

船出鳌江，阡陌隐去，市廛渐退，进入苍茫海面。极目远眺，海的壮阔和岛屿的小巧相互映衬，令人过目难忘。但近观岛屿却别有一番风光，蓝天、碧波、礁岩、青松，无不显示了一种原生态的韵味。如今的南麂列岛除了保留原有韵味外，还发展成为集旅游观光、避暑度假、渔家乐、科研考察为一体的海上乐园。

“美龄居”隐藏大沙岙

南麂列岛上最美的海滩当属大沙岙。细长的海滩，犹如一条金色纱巾散开，铺陈在两岛之间。涨潮翻着浪花涌向岛边，轻轻拍打着沙滩，有序地一进一退，像琴键的律动，在风的混合下，弹奏出美妙的乐章。这时把双足浸入海水，感受丝丝凉意，随着轻风置身于大海的怀抱中。一动一静景象有机组合在一起，宛如一幅美丽的画卷，一湾沙滩，不亲临其境，奇绝的景象和

南麂列岛大沙岙沙滩

大沙岙海滨浴场

奇异的感受难以体味。

沿公路而行，背山西海，昔日宋美龄的寓所“美龄居”（又名“栖风居”）隐藏在大沙岙东北面的一处山坳里。美龄居建于1954年，采用大石块、钢筋、水泥结构，3间平房，约80平方米。此时此景，仿佛与当年宋美龄一并站在美龄居，享受同份岛屿风光。

“万景园”怪石姿态万千

素有“万景园”之称的三盘尾，是列岛景观最为集中的岛屿。清晨，早起的鸟儿婉转啼鸣，在东方微露的彩霞中，整个岛屿和周边的绿树尚在安睡。人们下意识地放轻脚步，放缓呼吸，生怕打扰了这场梦境。

三盘尾岩礁海岸

由于长期海浪潮汐的冲击，三盘尾海湾凹凸，岬角丛生，礁岩侵蚀形成陡崖峭壁。穿过石径，便有怪石林立，直戳苍穹，岩基裸露，仪态万千，大象岩、试剑石、望夫石等奇异岩石数不胜数。其中最为人所津津乐道的是“猴子拜观音”：一块巨崖像观音菩萨端坐在莲台，而另一块岩石恰如一只猴子，朝着观音菩萨虔诚地顶礼膜拜，栩栩如生，惟妙惟肖，神形兼备。

三盘尾万景园天然草坪

海洋生物"移动资源库"

南麂列岛海洋生物资源丰富，有贝类403种、藻类174种、鱼类397种，贝类和藻类数量均占中国海洋贝藻类总数的20%以上，因此誉之为"贝藻王国"。1990年，南麂列岛被国务院列为国家级海洋类型自然保护区，也是中国唯一的国家级海洋自然保护区（贝藻类）。作为海洋生物"南种北移，北种南移"的资源库，1999年南麂列岛又被联合国教科文组织列为世界生物圈保护区网络。2001年，中国钓鱼协会将南麂列岛列为国家级垂钓基地。每年5~10月钓鱼旺期，海里盛产的海味，比如黑鲷、黄鳝、石斑鱼、鲈鱼、黄姑鱼等，是游人趋之若鹜南麂的原因所在。

返璞归真，回归海岛，看桅杆林立、游人如织、车鸣人喧，景象尽收眼底，南麂列岛以其旖旎的风光和优美的人文景观，吸引着大批游人前往，每逢旅游旺季，南麂岛又将迎来热闹繁华的新节点。

旅游攻略

地址：平阳县南麂列岛

交通线路：平阳县鳌江港客运站坐船（需实名制提前在官网预定，www.zjsajgw.com，凭二代身份证在窗口取票）

休闲农庄游

龙湾雅林现代农业园——在这里拥抱花之海

龙湾雅林现代农业园位是一座集观光休闲、采摘体验、农业示范、科技创新、科普教育、农家乐于一体的具有国家级水平的现代农业园，占地面积1518亩，总投资3亿元，系省招商引资签约项目。

借助民资发展休闲时尚农业

时尚农业是依绿色生态农业、休闲观光农业、高科技现代农业、文化创意农业等为依托，以时尚消费需求为导向，融生产、生态、生活于一体，是时尚新颖与生态相结合的现代农业，也是现代农业发展的潮流。

龙湾雅林现代农业园系龙湾区第一批百亿重大工程之一，投资额达5亿元，是“温商回归”项目，也是温州最大的时尚休闲农业园。温州雅林农业有限公司董事陈彩权为“第二届温商回归功勋人物”。她曾跟《温州晚报》记者谈起雅林“回归”历程时说，雅林农业之前曾考虑在杭州周边选址，也找到了一些相对合适的地点。后来，因为龙湾区相关部门主动上门招商引资，并亮出一系列优惠政策，雅林终于选择在龙湾滨海园区落脚。市委市政府对于温商回归的重视和扶持举措，让她觉得在温州办企业搞建设，很有归属感。

马鞭草

这个具有国家级水平的现代农业园按科技农业和休闲农业基本分为两大部分。第一部分定位为“花展园”，以及温州地区的民俗小吃和传统农业DIY（自己动手）小游乐项目，比如有郁金香、香草、向日葵等根据季节不同的主题花展，还有着捣年糕等亲子农家乐等项目。第二部分则以科技农业为主，有展示农耕文化的农业博物馆，还有展示无土栽培、机器人生产的农业科技馆。

各种花海任你徜徉

雅林园内一年四季花草繁茂、绿意盎然，郁金香、虞美人、向日葵等，甚是养眼。

郁金香花节是雅林的经典节庆，每年2~4月，约500亩的花展区内，128个品种400万株郁金香争奇斗艳。有代表着浓情蜜意的红色印记，有表白永恒爱情的粉色奥利奥斯，有象征幸福与胜利的黄绣球，还有预示着相逢喜悦的双色郁金香……

雅林花海

2016年郁金香文化节重点突出震撼效果，设计以色块、色带为主，以荷兰库肯霍夫公园为参照打造，精心策划建造郁金香文化城堡，精心布置郁金香之韵、郁金香花之语、郁金香花之恋等内容为主的文化展示城堡，配合观赏性与互动性兼具的表演活动，让游客置身于最热闹的赏花之旅。

不同体验给游客惊喜和健康

赏花之余，游客还可以在此品尝到自主生产的蔬菜瓜果等原生态农产品。

雅林现代农业百果园成功引进国内外瓜果、蔬菜、花卉等优良品种260余种，全部采用生态有机栽培。一年四季瓜果飘香，除具有赏心悦目的观赏性之外，还有提供科普教育和科技示范作用。其中，还为游客准备了采摘区，纯天然的绿色瓜果蔬菜可供亲手采摘。抬头瓜果荡秋千，低头蔬菜满地长，亲手采摘一份绿色与健康。

园区绿意

策马游园，漫步花间，想来就是一件非常惬意的事情。如果再配上烧烤，是不是更让人欲罢不能了？骑马、烧烤作为园区一年四季都开放的项目，自启动以来便受到游人的一致好评。一个个土灶台烹制出的可口美食，入口鲜嫩，齿间留香，想想就已经垂涎欲滴了。

每隔一段时间，园区都会推出一个主题活动，不同变幻的主题为园区添彩的同时，也能丰富着游客游玩的景致。阿凡达灯光秀期间，36 组奇幻景观，近 48 个足球场的主灯光区，超 5000 万盏的七彩灯，营造出远离都市的嘈杂喧嚣以及潘多拉星球梦幻的氛围。金秋十月，萌宠空降雅林，金刚鹦鹉、萌熊灵猴争相上阵，“熊出没”真人秀、小丑魔术表演更增添了一抹神秘气息……

雅林的诚意打造，只为游客每次到来都能有个全新的体验感。变化的是主题，不变的是情怀。

旅游攻略

地址：温州市龙湾区滨海一路

交通线路：

1. 自驾：瓯海大道（机场方向）—滨海大道—滨海一路
2. 公交：71 路公交—康一站（站牌对面）

联系方式：4008851710

门票：成人票 60 元，儿童票 30 元

网址：http://www.517yalin.com

二维码：

浙江（瑞安）绿健生态农庄——在这里回归原生态

浙江（瑞安）绿健生态农庄位于瑞安市东山飞云江第四农场、瑞安市飞云江下游江畔、经济开发区大道旁，占地面积500多亩，总投资6000万元，属于“温商回归”企业。

农庄通过引种和展示国内外珍贵苗木花卉、瓜果，建设户外运动休闲项目，把生态农业、旅游、运动休闲资源融为一体，建设一个具有特色和现代化水平的生态观光、运动休闲旅游新景点。

农庄曾获得“浙江省林业龙头企业”“浙江省林业观光园”“浙江省花卉精品园”“温州市运动休闲旅游示范基地”“温州市农家乐休闲旅游示范点”“浙江省农家乐三星级经营点”“温州校企合作基地”“瑞安市农村科普示范基地”“温州市种子种苗基地”等荣誉称号。

绿健农庄的生态环境非常好，绿化苗木覆盖率达90%以上，500多亩的基地内栽培各种珍稀树木，还有各种花类点缀。花对于人们来说，是一种美好的象征。如果是成片的花海，置身其中，心旷神怡的感觉扑面而来。美丽

浙江（瑞安）绿健生态农庄

的花海也吸引了众多情侣，成了名副其实的婚纱摄影基地。

苗圃

农庄主要分高尔夫球场、儿童游乐区、花海观赏区、露营电影区、绿道骑行、盆摘扦插等区域。当你走进农庄之后，它带给你的，不仅是花海，还有时尚都市化的运动项目。你可以带孩子在花卉观赏精品园逛逛，让他们知道大自然的奥秘，也可带着孩子来次绿道骑行，休闲健身。除此之外，这里还能提供卡丁车、观赏小火车、水上游船、碰碰车、旋转木马、自控飞机、充气城堡、水上滚筒、跨国梦想欢乐岛、投篮机、马术健身、休闲垂钓及户外运动场等休闲项目。

观光自行车

绿健生态农庄还有一大特色是游客可以自助农家烧。自助农家烧拥有农家土灶46个，餐桌70张，可以供应700个餐位。农庄会提供烧烤器具和柴火，剩下的采购、煎炸涮烤都由游客自己完成。一边享受自娱自乐，一边欣赏绿色生态自然，将农家乐和自助和谐地搭配在一起，回归原生态。

如果想更接近大自然，农庄里还有露营区，可以在草地上搭帐篷，看露天电影，过一个不一样的夜晚。

旅游攻略

地址：瑞安市东山第四农场开发区大道旁（新瑞立集团往东 300 米）

交通线路：

1. 温州—瑞安高速—万松路—滨海大道—瑞安大桥桥底—东山开发区大道—绿健生态农庄

2. 温州—104 国道线—仙桥路口—万松路—滨海大道—瑞安大桥桥底—东山开发区大道—绿健生态农庄

联系方式：0577-65168899、13336967898

门票：成人 30 元，儿童 20 元（1~1.5 米）

网址：http：//www.lvjiannz.com/index.php/index/index.html

二维码：

果蔬采摘基地

苍南中魁四季柚——果中珍品

苍南中魁村

马站镇的四季柚已有300多年的历史，中魁村则是马站四季柚的发源地，村后山上成功开发了占地600亩的四季柚基地成为全村百姓的“聚宝盆”。每年，中魁村四季柚精品园区内柚子飘香，迎来四面八方的游客。物以稀为贵，中魁村还有十多株百年“老抛”树，最多一株一年能结300多个果实，产量600多斤，每斤价高达15元。

马站中魁乡村驿站设有五大功能区：餐饮区、登山区、休闲区、观光区和办公区，建设有生态园、生态河道、木质观景台、游步栈道等，可接待自驾车位120个。这里不仅可以摘柚子，还可以观光游览，品尝农家美食。

苍南马站四季柚其栽培历史悠久，曾被列为“贡品”“仙家名果”。产品多次获评全国柚类金杯奖，中国国际农业博览会名牌产品。

金秋时节，柚子飘香。苍南马站四季柚，从花到果，从皮到肉，从叶到籽，不仅营养成分丰富，而且药用价值很高，可谓全身都是宝，是人们喜爱的优质水果和保健产品。当地柚农将其编成歌谣吟诵：“佳果四季柚，引入人姓周。常吃体健壮，祛病众人求。药典弥足鉴，医籍几传留。漫道重殷语，美名传九洲。”

柚子，含有非常丰富的蛋白质、有机酸以及钙、磷、镁、钾等人体必需的元素，这是其他水果所无法比拟的。现代医药学研究发现，鲜柚肉中富含

采摘中魁四季柚

维生素C以及类胰岛素等成分，具有降血糖、降血脂、减肥、美肤、养颜等功效。经常食用对高血压、糖尿病、血管硬化等疾病有辅助治疗作用。柚子还含有生理活性物质皮甙，可降低血液的黏滞度，减少血栓的形成。因此，吃柚子可以促进伤口愈合，对败血病和脑血栓、中风等脑血管病症都有较好的预防作用，尤其适合中老年人食用。四季柚，还可制成果汁、果茶、果酱、果酒和水果罐头等食品。

柚子皮，味辛苦甘，性温，具有化痰、止咳、理气、止痛之功效。主治咳嗽哮喘、气郁胸闷，腹部冷痛、食滞、疝气等。用柚子皮煮水治疗消化不良、头痛、冻疮，效果明显。柚子皮，还有防治蚊虫、驱除异味等作用。柚子皮去青皮后，是制作时令菜肴、糖果、蜜饯的上等材料，风味很是独特。

四季柚很耐贮藏，只要完好无损地放在陶瓷缸中，上面加一层马尾松毛，则可存放十多个月之久，乍一看外皮渐变干枯，实则果肉美、味大增，故被誉为“天然水果罐头”。

“敦厚浑圆腹不空，半黄半绿待秋浓。高悬总是入青眼，无语何须类晓钟。甘敞襟怀冰不碎，大行茶道梦魂溶。亦为嘉树生南国，可惜非同屈子逢。”三养斋人夸的是果中珍品——“苍南马站四季柚”。

“黄布包白布，白布裹头梳；头梳夹白米，白米含甘露。”这首民谣，道出了四季柚的形状构造、颜色成分和口感味道。

中魁村村民历来过着日出而作、日落而息的农耕生活，虽然村庄经多年打造已经成为一生态村、特色农业村和特色旅游村，但村民仍然天明上山下田、日落回家栖息，农村风貌气息浓厚。

特色农户介绍

苍南县马站镇中魁柚润四季柚合作社：合作社是中魁村种植四季柚大户，种植面积有 20 亩，在 2011 年度荣获“农合行杯”第三届苍南（马站）四季柚采摘文化节名优四季柚评比银奖，2015 年度荣获第三届苍南四季柚评优活动一等奖，2012 年度荣获苍南县规范化农民专业合作社

地址：苍南县马站镇中魁村

联系人：林发印（13558752051）

采摘时间：11—12 月

二维码：

泰顺猕猴桃——水果之王

泰顺作为浙南地区最大的猕猴桃种植基地，近年来，该县全面实施农业标准化生产和品牌经营战略，已发展猕猴桃生产基地11000多亩，带动农户900余户。泰顺猕猴桃先后获得浙江著名商标2枚、浙江名牌1个，产品进入了杭州、上海等大城市的高档消费群体。

在泰顺县碑排社区，硕果累累的猕猴桃果园遍布山头，一片丰收的景象，等待游客品尝采摘。为适应自驾采摘游的需要，停车场等基础设施建设已完成。作为泰顺猕猴桃种植第一村，这儿村前村后，都是一个个搭着架子的猕猴桃果园。

泰顺猕猴桃基地

硕果累累

泰顺猕猴桃产业作为科技扶贫项目在1983年开始发展，从当时的司前发展到如今环飞云湖一带罗阳、筱村、百丈等多个乡镇，每年种植面积增长量在1000亩左右。主要种植品种有9月中旬就成熟的早熟品种“红阳”（红心）“金果”“金艳”，9月1日可以开始采摘，主要分布在海拔600米以下的区域，如罗阳镇、百丈镇、司前畲族镇等地。还有10月中旬成熟的晚熟品种“华特”“布鲁诺”品种，晚熟的品种种植面积最大，布鲁诺10月1日开始采摘、华特10月15日开始采摘，均可持续到11月30日，其中华特猕猴桃是目前国内少数能与新西兰猕猴桃相媲美的新品种之一。

猕猴桃是一种营养价值极高的水果，被誉为“水果之王”。它含有亮氨酸、苯丙氨酸、异亮氨酸、酪氨酸、丙氨酸等十多种氨基酸，以及丰富的矿物质，包括丰富的钙、磷、铁，还含有胡萝卜素和多种维生素。猕猴桃对保持人体健康，防病治病具有重要的作用。多食用猕猴桃可以预防老年骨质疏松，抑制胆固醇的沉积，从而防治动脉硬化，还可改善心肌功能，防治心脏病等，也能对抗癌起到一点儿作用。多食用猕猴桃，还能阻止体内产生过多的过氧化物，防止老年斑的形成，延缓人体衰老。冬天常吃猕猴桃可以调节人体机能，增强抵抗力，补充人体需要的营养。

吃猕猴桃的禁忌：猕猴桃性寒，不宜多食，脾胃虚寒者应慎食，大便腹泻者不宜食用，先兆性流产、月经过多和尿频者忌食。由于猕猴桃中维生素 C 含量颇高，易与奶制品中的蛋白质凝结成块，不但影响消化吸收，还会使人出现腹胀、腹痛、腹泻。故食用猕猴桃后一定不要马上喝牛奶或吃其他乳制品。

泰顺县猕猴桃行业协会推荐的三个规模采摘基地

1. 泰顺罗阳镇下洪社区门楼底村八仙垟自然村（种植户赖双珠，采摘预约电话 13858812996），面积 50 多亩

2. 泰顺罗阳镇泰顺碑排社区大岗背村（种植户赖永周，采摘预约电话 15224168995），面积 50 多亩

3. 泰顺三魁镇战洲村大阳山（种植户刘根云，采摘预约电话 13858805109），面积 70 多亩

其他泰顺采摘猕猴桃联系方式：

唯金猕猴桃观光园：13806819226

尚进猕猴桃专业合作社：13958986656

恩岱洋猕猴桃专业合作社：13906779378

乌岩岭猕猴桃专业合作社：13625879293

采摘时间：9—11 月

瓯海茶山杨梅——名扬海内外

茶山位于温州市东南部，隶属温州市瓯海区，距温州市中心只有 12 千米，是温州市著名特产之乡。茶山总面积为 30.64 平方千米，其中山地面积 19.4 平方千米，现种植杨梅面积达 10000 亩，年产值 4500 余万元，几乎家家户户皆有种植，是浙江省最大的丁岙梅生产基地和丁岙杨梅的原产地。杨梅是茶山农业的支柱产业，也是茶山主要农业收入来源。古老温州民间流传着"江心的子鲚，茶山的杨梅"这种谚语，茶山杨梅早就闻名遐迩，茶山杨梅不但温州市无人不知，而且名扬海内外。

1981 年，茶山丁岙梅在浙江省被正式列为省名特优水果。1996 年召开的全国第五次杨梅科研协作研讨会上，大会邀请了全国杨梅专家，对各地选送的杨梅鲜果样品进行评比鉴定，结果茶山丁岙梅脱颖而出，以果形大、美观汁质多、鲜嫩质地疏松、色泽鲜艳等优点而名列全国第一。茶山杨梅参加浙

中国杨梅之乡

江省首届和第二届十大杨梅精品评比获得精品奖，成功申请了“浙江省杨梅之乡”和“中国杨梅之乡”，通过了浙江省林业厅森林食品基地的认证，参加浙江省农业博览会多次获得金奖，通过了浙江省无公害基地和浙江省绿色农产品的认证，2007 年获得国家原产地域产品保护，取得了浙江省无公害农产品认证和农业部无公害农产品认证。获得上述荣誉使茶山丁岙梅知名度不断提高，茶山杨梅也因此获得更好的经济效益和社会效益。

茶山丁岙梅

杨梅节吃杨梅比赛

20 世纪八九十年代，由于茶山位置较为偏远，交通不便，茶山杨梅名气虽大，但农户实际效益却不大。从 1995 年起，为了吸引更多的市民前来购买采摘，从而增加杨梅种植户的收益，当时的镇政府决定举办茶山杨梅节，由政府出钱搭建平台，打响茶山杨梅。

随着杨梅节举办的深入，梅农的热情也不断增加，杨梅节也从最初简单的杨梅买卖，逐步向茶山文化之旅、杨梅文化的传承演变。通过“杨梅大胃王”擂台赛、杨梅书画活动、茶山杨梅诗歌散文创作、自媒体达人创作等“观、品、赏”相结合的形式，提高游客的参与度，让游客全方位领略茶山杨梅的风采；通过杨梅大王评比、举办杨梅论坛等形式，进一步提高增强梅农做好杨梅产业的信心。

特色农户介绍

1.“红盘绿蒂”家庭农场：是本地规模较大且较成熟的观光园，所产的杨梅皆为品质优良的正宗丁岙杨梅，2016 年瓯海区农业局唯一一家绿色无公害杨梅种植采摘试点单位。杨梅种植面积 30 亩，日容纳可达 600 人左右，采用隔天分园，轮流开放的采摘方式

地址：茶山街道舜岙村徐岙

联系人：王树（13858898022）

2.“盘盘红”家庭农场（串枝红杨梅专业合作社）：是茶山规模最大的杨梅种植户，杨梅种植面积达 250 余亩，是温州市最早成功实现杨梅出口的家庭农场（2015 年、2016 年连续出口欧洲），采用订单采摘形式，不接受散客观光采摘

地址：茶山街道新民村下坦坪

联系人：林元奎（13906631607）

3. 瓯海茶山满天红果树盆景场：2003 年开始研究盆栽杨梅速生技术，曾获 2006 年第二届中国（温州）农博会盆栽杨梅金奖、2009 年杨梅盆栽被评为中国义乌国际森博会优质奖，专业销售杨梅盆景

地址：茶山街道新民村下坦平

联系人：陈迪林（13868403220）

采摘时间：6—7 月（夏至成熟开始采摘）

瑞安高楼杨梅——节庆铸品牌

高楼地处瑞安市西部山区、飞云江中游北岸，是温州市历史文化名乡、省级生态乡，获“杨梅之乡”称号。

瑞安杨梅栽培已有200多年的历史，主要分布在飞云江流域，已通过国家无公害农产品、浙江省森林食品认证，达到了国家富硒果蔬标准，并多次在省市杨梅评比中获奖。瑞安现有杨梅种植面积6.6万亩，年产量1.7万吨，年产值超亿元，杨梅产品远销意大利、荷兰等国家。

高楼作为“杨梅之乡”，自2004年以来已连续成功举办了十三届杨梅节，每年的瑞安市高楼杨梅文化节通过“以梅为媒、文化助兴、经济结果”，不仅使杨梅节成为瑞安的一大节庆盛典，形成独特的杨梅经济现象，更是通过开展形象设计评选、文学艺术交流、非物质文化遗产展示、杨梅文化科技展览等活动，精心打造独特的杨梅文化品牌，吸引各地游客、客商到瑞安旅游、观光、采购。

2016年瑞安市旅游节暨第十三届高楼杨梅文化节于6月12日在高楼镇大京村隆重开幕。文化节由瑞安市人民政府与温州市旅游局主办，高楼镇人民政府、瑞安市风景旅游局、市农办、市农林局、市文广新局承办。开幕式现场，充满民俗风情的梅农祈福仪式、精彩纷呈的歌舞表演、让游客直呼过瘾的吃杨梅比赛以及农特产品展销会等活动吸引了大批游客。另外，杨梅文化街观光游、杨梅主题

杨梅装箱

挑杨梅，上市场

摄影角、“杨梅有礼、刮刮乐”等外围活动，也受到了广大游客的积极响应。

据了解，高楼杨梅文化节以“品高楼杨梅、游寨寮山水”为主题，依托高楼优越的旅游资源、优厚的历史沉淀、优良的农特产品，坚持“杨梅产业”“杨梅文化”“杨梅姑娘”传统三要素，推出了唱响瑞安旅游歌词征集活动、高楼杨梅王擂台赛、知名书画家高楼杨梅节笔会、寨寮溪风景区门票优惠周等系列活动，借力“互联网+”旅游节庆、电商营销等新渠道，扩大高楼杨梅之乡的品牌影响力，提高寨寮溪风景区的知名度和美誉度，带动高楼旅游市场健康持续发展，促进瑞安休闲农业和乡村旅游发展，提升瑞安旅游整体形象。

据高楼镇旅游办主任吴振彩说，包括杨梅在内的多种高楼特产具有无污染和富硒两大优势，但由于地处偏远，农户不懂得宣传和营销，颇有“养在深闺无人识”的尴尬。瑞安淘、瑞安团等本地电商都有比较成熟的销售经验和完善的销售渠道，他们能帮助解决杨梅销售难的问题，也为市民购买正宗的高楼特产提供了一个方便的途径。据介绍，合作协议的签订，使高楼杨梅的原产地品牌和梅农的收入更有保障。高楼镇目前在淘宝、天猫、京东等国内知名电商上开拓销售农特产品渠道，将把高楼特色农产品推向全国。

已有十多年历史的杨梅文化节现已成为高楼镇的标志性活动，不仅放大了高楼杨梅的品牌影响力，还逐年提升了高楼的旅游形象和文明形象。秉承“杨梅为媒，促进旅游；为民办节，服务发展”的宗旨，越办越成熟的高楼杨梅节将树立杨梅文化品牌并全面带动高楼旅游市场健康持续发展，打造了一个集旅游、文化、休闲、娱乐于一体的综合性平台。

特色农户介绍

高楼镇大京杨梅采摘园区：管昌浓（13587559722）
高楼镇罗溪杨梅采摘园区：林明奇（13396779162）
高楼镇社后村杨梅采摘园区：吴崇来（15067761781）
高楼镇沙垟杨梅采摘园区：胡允初（13705878628）
高楼镇樟岙村杨梅采摘园区：何端智（13646520172）
高楼镇文湾村富民杨梅专业合作社：戴道元（0577-80588648）
高楼镇玉女谷杨梅采摘场：黄其秀（13566159449）
龙翔杨梅专业合作社：苏尔聪（13958871746）
智朋杨梅专业合作社：林培朋（13968930355）
高楼杨梅专业合作社：毛传松（13506654213）
南山杨梅专业合作社：王光春（13506572235）
范山杨梅专业合作社：周日起（13958817696）
采摘时间：6—7月（夏至成熟开始采摘）

后 记

本书在组稿过程中得到温州各县（市、区）旅游主管部门及相关旅游企业提供资料支持，特此致谢！另外，个别选用图文资料我们无法与作者取得联系，若作者见到本书，敬请及时和我们联系，以便我们寄送样书、支付稿酬。联系地址：浙江省温州市南塘5组团16幢温州名城集团一楼中国游记名家联盟秘书处。联系电话：0577-88118180。

在此感谢邱珍钱、陈立群、常锋、傅娟跃、梁滋卉、郑高华、刘德源、林元科、虞威、陈祖培、季海波、林上兆、张勤、黄寿万、施宝桂、郑剑佩、金超英、肖玉令、吴晓帆、陈萍、章海玲、姜光树、金建国、万献波、缪云飞等为本书提供图片支持。

编 者

2017年3月